ちくま新書

バイアスとは何か

藤田政博
Fujita Masahiro

JN042592

1582

バイアスとは何か【目次】

まえがき 009

第1章 バイアスとは何か 015

1 認知とそのゆがみ 016

認知とは何か／ゆがみとは何か／認知の脳内処理／自由エネルギー原理による説明／抽象的なものの認知のゆがみ／他者の観察におけるゆがみ

2 バイアスはなぜあるのか？ 026

合理的判断を邪魔するバイアス／ゆがんだ認知のメリット／ゆがんだ認知は受け継がれてきた／生き残りマシンとしての生物／生き残りに必要な要素／物理的環境への適応／対人関係的（社会的）環境への適応／二つの環境で生き延びた／心の働きのばらつきは、遺伝子のばらつきから／進化とバイアスの関係／すばやく情報を処理するメリット／ヒューリスティックスの重要性

3　バイアスについて知る意義　046
バイアスは無意識に生じるもの／バイアスかもしれない、と思うことの効果／バイアスを意識的に検討する

第2章　バイアス研究の巨人──カーネマンとトヴァースキー　053

1　見え方の違いと意思決定　054
プロスペクト理論──喜びと悲しみの非対称性／不確実性下の意思決定／フレーミング効果──「朝三暮四」は笑えない？

2　数字の影響力　064
係留と調整のバイアス──アンカーは重い／司法判断におけるアンカー／基準率の無視──確率は難しい

3　ヒューリスティックスによる判断　072
代表性ヒューリスティックス──「っぽさ」で判断する／リンダ問題──確率的には真逆なのに……／連言錯誤はなぜ起こる？／ギャンブラーの誤謬──ずっと表なら次は「裏」？／「小

数の法則」／「ホットハンド」の錯覚／シミュレーション・ヒューリスティックス――「もし、こうでさえなかったら」／反実仮想と反実感情

第3章 現実認知のバイアス 097

1 情報選択のバイアス 098
現実を認識する枠組み／確証バイアス――「私の正しさは証明された」／確証バイアスの実験例／その事例は一般的か？／四枚カード問題

2 知識という呪縛 109
後知恵バイアス――「そんなこと、聞く前から知っていたよ」／バーナム効果――「やっぱり占いは当たる！」／なぜ当たらない性格診断を信じてしまうのか／ポジティブ幻想と楽観バイアス――「自分だけは大丈夫」／正常性バイアス――「今は緊急事態ではない」

3 偏見を生み出すバイアス 122
外国人犯罪は本当に多いのか／錯誤相関――目立つものどうしは結びつく／少数派を悪い人びとだと感じるわけ

第4章　自己についてのバイアス　131

1　自分を認識する枠組み　132
自己を認知するということ／性格とは何か

2　自分はいいものだというバイアス　136
自己高揚動機／抑鬱者のセルフ・スキーマ――否定的に自分を認知する／スキーマが認知を左右する／スキーマの揺らぎによる混乱――学校スキーマ／セルフ・ハンディキャッピング――本当は自分はもっとできる／スポットライト効果――自分は見られている／透明性錯誤――自分の内心はバレている／視点取得の難しさ

3　自分は正しいというバイアス　156
自己中心的公正バイアス／社会的妥当性と自己確証動機／合意性バイアス／セルフ・サービング・バイアス／認知的不協和との類似点

第5章　対人関係のバイアス　165

1　対人認知のバイアス　167
期待効果――期待が人物認知をゆがめる／対人認知での確証バイアス／基本的帰属の誤り／一貫性バイアスと暗黙の人格理論／ネガティビティ・バイアス／ミスアンスロピック・メモリー／パーソン・ポジティビティ・バイアス
2　見た目と特性　189
ハロー効果――見た目よければすべてよし／ベビーフェイス効果――童顔は守りたくなる／見た目から社会経済的地位を推測する／外集団等質性バイアス／私たちに潜む人種のバイアス――記憶が変容する／偏見とバイアスの違い
3　人種と法執行のバイアス　200
射撃者バイアス／目撃証人の自己人種バイアス／カメラ・パースペクティブ・バイアス／人種と死刑判決／刑事事件における判断への容姿の影響／バイアスと冤罪

第6章　改めて、バイアスとは何か　213

1　バイアスはなぜ存在するのか　214

バイアスは認知のゆがみ／バイアスがあるのは生き残りのため
2　バイアスを緩和する方法　218
バイアスからは逃れられないのか？／意思決定の誤り？／人間の記憶と機械の記録／後知恵バイアスと記憶の書き換え／後知恵バイアスの緩和策／係留と調整のバイアスの緩和策／裁判におけるバイアスの緩和策／確証バイアスの緩和策／集団で話すことによる緩和策／ゲームや説明ビデオを用いた緩和策
3　バイアスから逃れるべきなのか？　240
人間機械論／意味の世界で生きる／心理学に意味を取り戻す／意味を紡ぐ存在としての人間／たとえバイアスがあったとしても
あとがき　253
参照文献　270

まえがき

この本は、『バイアスとは何か』という本です。その名の通り、バイアスとは何かについての基本的な理解を得ることを目標にしています。あらかじめ一言でまとめるならば、バイアスというのは人間がさまざまな対象を認知する際に生じるゆがみのことで、基本的には心理学、特に認知心理学の領域の問題だとされます。

それを前提としつつ、本書では全体を六つの章に分けて議論を進めていきます。私自身は社会心理学を司法の分野に応用する研究をしていますが、その研究関心がこの本の構成と中身にも反映されています。

第1章は、本書と同じ「バイアスとは何か」というタイトルです。この章では、バイアスとはそもそも何なのか、なぜ人間はバイアスを持っているのかについて、大枠の理解を得ることを目標にします。

第2章は、「バイアス研究の巨人——カーネマンとトヴァースキー」と題して、この領域で非常に著名な研究者であるカーネマンとトヴァースキー（トヴェルスキー）を取り上げ、その多彩な研究業績のなかでもとりわけ重要なものについて、紹介していきます。

実は、心理学においてバイアスということが言われ始めたのは、私たちが想像するよりもはるか昔の話です。ただ、私たちの日常の語彙にこの言葉が入ってきたのはそれほど昔のことではなく、バイアスという概念が普及するうえで多大な貢献をしたのが、このカーネマンとトヴァースキーなのです。彼らは心理学の領域において、さまざまなバイアスが存在することを明らかにし、バイアス研究を心理学のメインストリームの一つに押し上げました。加えて、意思決定の心理学におけるバイアスの作用を精力的に研究し、心理学という領域を超えて経済学にも多大な影響を及ぼしました。その功績が評価されて、カーネマンは２００２年、ノーベル経済学賞を受賞しています。カーネマンが執筆した一般向け書籍はベストセラーにもなりました。

彼らの業績が広く取り上げられることで、私たちの日常的な認識や意思決定において、バイアスが大きく影響していることが一般に知られるようになりました。

そこで、バイアスについての近年の議論の背景を理解するために、彼らの主な業績と考え方をこの章でお伝えします。

ついで第３章では、「現実認知のバイアス」と題して、私たちが周囲の世界を認識するときに陥りがちなバイアスについて紹介していきます。

バイアスには、視覚や聴覚を使って自分の周りを認識するといった、いわば純粋な認知に関するものと、自分の周りで起こっていることの仕組みを認識したり、自分の周りの人の性格を認識したりといった、高次な要素の入った認知があります。なお、ここでいう「高次」とは、価値が高いとか格が高いという意味ではなく、人間が行う情報処理の水準が、複数の情報を統合し、その共通要素を認識するなど複雑なものであることを意味します。

第4章と第5章では、社会心理学および司法の分野に関わるバイアスを扱います。

第4章では、自己についてのバイアスを扱います。私たちは、自分というものの存在を疑いません（哲学者や心理学者は別として）。自分というものは生まれてから今日までずっと続いているし、自分のことは当然自分がよく知っていると思っています。しかし、「自分というものがある」という認識を作り上げるには、かなり高度な精神作用が必要です。

私たちは、生まれてからこれまでの自分に関するさまざまな情報をできる範囲で寄せ集めて合成し、その結果自分が存在するという一つの像を作り上げ、それをかかえて生きています。これが自己像です。そして、その合成の過程で、もとになる情報そのものには含まれていない、性格などの抽象的な情報を新たに作り出します。自分で作り出した情報が自己像に含まれている点を強調するならば、自己像は虚像と言えるかもしれません。ですが、膨大な事実の上にできあがっているという点を強調するならば、自己像をまったくの虚像であると言うこともできないでしょう。

私たちが自分を認識するということは、自分のなかに自己像を作り出すということです。それは自分のなかの記憶を取捨選択してラベルづけして意味づけし、一貫した人物像を作り上げるということです。その際の事実の認識や記憶の取捨選択、その後の情報統合の過程でバイアスが働きます。そして、いちど一貫した自己像を作り上げると、その後は自己像に適合したかたちで自分自身に関する情報を取捨選択し、あるいは記憶にとどめようとします。つまり、自分が作り上げた自己像が、自分を認識する際のバイアスのもととなるのです。

第5章では、他者を認識する際のバイアスについて扱います。私たちは他者に成り代わることはできませんから、その内面を直接知ることはできません。そのため、他者を認識する際には、他者には性格（長期にわたり、さまざまな状況を通じて一貫している行動の傾向）があると仮定します。そしてその性格を把握することで他者を理解しようとします。他者の性格を認識する際には、その人の行動を繰り返し観察したり、その人に関する評判を集めたりして、その人の外から得られる情報を収集して判断します。

その際に、私たちは他者に対してさまざまな期待や思い込みを持つことがあります。そうした期待や思い込みがあると、それがバイアスとなって、同じ人の同じ行動を見たとしても、見る人によって対象の人物の性格に関する判断がかなり異なってきます。

右の例は人物認知に関するバイアスですが、私たちは自分がそのようなバイアスを持っていることに必ずしも気づいていません。

そして第5章の後半では、そういった他者認知のバイアスが司法制度においてどのように作用することがあるのか、いくつかの例を取り上げます。

以上で、物の認知、確率などの抽象的な認知、自己認知と他者認知を合わせた人間の認知のそれぞれの側面におけるバイアスを扱ったことになります。人間にとって大事なのは自分の周りの世界と自分に関わる人間を認知すること、そしてその世界でどのような選択をするかを決めることです。本書では、第5章までで短いながらもこうしたバイアスの問題にひと通り触れています。

そして第6章では、それまで取り上げてきたバイアスを緩和する方策についてお伝えしていきたいと思います。

残念ながら、バイアスを完全に除去する方法は見つかっていません。また、バイアスは人間の認知や判断の仕組みに深く組み込まれているので、そもそもすべてのバイアスを完全になくすことを目指すのは生産的でもないでしょう。

それでも司法におけるバイアスのように、バイアスに冒された判断が無自覚に行われることで社会的に不利益を受ける人が発生するようなことは避けなくてはなりません。そこで第6章では、現在わかっている範囲でバイアスを緩和する方法について、いくつかお伝えしていきたいと思います。

そのうえで最後に、ここまで取り上げてきたバイアスについて、ちょっと観点を変えて論じ直してみたいと思います。

その観点とは、バイアスはそもそも本当に人間にとって邪魔者なのか、という視点です。人間は、自分の身の回りに起こるさまざまな事象について、自分の観点から意味を見いだそうとする存在です。見方を変えれば、バイアスは、人間が自分の周囲の出来事を自分にとって意味のあるかたちで認識し組み立てようと努力する際の副産物だと捉えることもできるのです。そう考えると、人間をポジティブにみることができます。

本書のおおまかな内容は以上の通りです。このあとは本文で、ここで概要を示したことがどのように述べられ、心理学のどのような研究がその主張を支えているのか、味わっていただければと思います。

では、バイアスを探る旅に出発しましょう。どうぞお楽しみください。

第1章

バイアスとは何か

1　認知とそのゆがみ

最近よく聞かれるようになった「バイアス」という言葉。これは心理学で長く研究されてきた現象です。心理学の文献データベース（PsycINFO）で見ると、「bias」という言葉が含まれているいちばん古い文献は１６８５年刊行の書籍の一部（de Montaigne & Coste, 1685）です。あるいは、認知のバイアス「cognitive bias」というフレーズでは１９０４年の文献（Murray, 1904）がいちばん古いものになっています。

このように意外と歴史の古い「バイアス」ですが、バイアスとは、人間が持っている認知のゆがみのことをいいます。「認知」と「ゆがみ」、ここに出てきたこの二つの要素を理解すれば、バイアスについても理解できそうです。まずはこの二つの要素について探っていくことにしましょう。

†認知とは何か

それでは、認知とは何でしょうか？　一言でいうと、私たちが、物を見たり聞いたりしてそれが何かを知ることです。私たちにとって大事なのは自分のいる世界について知ることです。どこに何があり、自分の周りにいる人はどんな人か。自分はどんな人間か。そういったことがわからないと、生きていくのは困難になります。

心理学には、周囲にあるものや身近な人を人間がいかに認知しているかについて研究する分野があります。認知心理学や、社会心理学のなかの社会的認知、といった分野です。なお、哲学では「認識」という言葉も使いますが、認識と認知はどちらも cognition という言葉からきているので同じ意味と考えてください。

人間が周囲を認知するには五感を使います。五感とは、視覚、聴覚、触覚、味覚、嗅覚のことですね。この五感で受け取った情報を脳で処理することで、人間は認知を行います。視覚を使えば、自分の目の前から遠くに至るまで、何があるのか、どんな色や形をしているかを認知できます。聴覚を使えば、どんな音がどの方角のどのぐらいの距離から来ているかわかります。その音の原因を推測すれば、危険の察知も可能でしょう。触覚、嗅覚で、それぞれ自分の近くに何があるのかがわかります。

そして、目の前のものをつかむときには、目や耳などから入った情報をもとに、物の大きさ、形、距離、表面の柔らかさなどを推定します。腕と手を適切に動かして、物を適切な力でつかむこともできます。通常の認知能力と運動能力をもっている人であればなんとはなしにやっているこういった動作は、目や耳などの感覚器から得た情報を使って状況を認知し、それに応じて腕や足などを適切に動かすという高度な機能を駆使しているのです。

人間は他の人間や自分についても認知します。自分や自分の周りの人はどんな性格なのか、身近な人と自分との人間関係はいいのか悪いのか、などです。性格や人間関係のあり方は直接目に見えませんし、触れることもできません。しかし、日常生活のいろいろな場面でそれぞれの人がどう行動したか、怒っていたのか泣いていたのか、といったさまざまな情報を集めて、その情報を手がかりに自分や周囲の他者の行動の傾向を推測して認知しています。

以上のように、私たちは周囲の物理的世界や人間関係的世界を認知しています。

†ゆがみとは何か

それでは二つ目の要素、ゆがみとは何でしょうか？　ゆがみとは、本来はまっすぐであるべきものが曲がっていたりすることですが、ここでは、認知と現実がずれていることを「ゆがみ」と呼びます。それも、そのときどきでバラバラにずれるのではなく、一定の傾向をもってずれていることです。あるものを見るといつも実際よりも大きく見えるとか、ある人を見るといつも実際よりも性格が良くて幸せそうに見えるとか、そういうずれです。

私たちが視覚を使って見ているもの、これは見えたとおりに現実に存在すると私たちは信じています。しかし、錯視（たとえば立命館大学北岡明佳教授による錯視のカタログ[http://www.psy.ritsumei.ac.jp/~akitaoka/catalog.html]）のように、本当は同じ大きさの図形がまったく違って見えたりするなど、客観的な図形のかたちと私たちの見え方が異なることがあります。これは、私たちの目のなかの、二次元の網膜に映った像から三次元の世界を認知する際の「クセ」によるものです（図1－1参照）。

この「クセ」は、見えた像の図の形の特徴や色、右目と左目のわずかな見え方の違い（両眼視差）、さらに見ている人自身が移動することによる見え方の変化などの情報を集めて、三次元の「見え」を脳内で作り出す際の処理からきています。

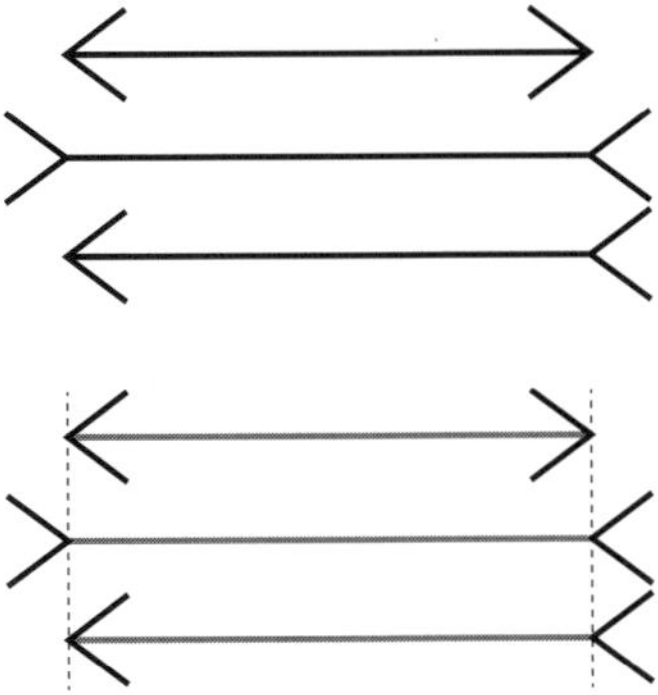

図1－1　錯視の例（ミュラー・リヤー錯視）。真ん中の線の長さはすべて等しいが、違って見える。

認知の脳内処理

こうした処理がなければ、私たちは自分の身体の外側にある世界の状態（物がどこにあるのか、どんなかたちや色をしているのかなど）を知ることができません。認知の作用がなければ、私たちは真っ暗闇に生きることになります。しかし、私たちは五感から手がかりになる情報を集めて、身体の外側の世界の状態を推論することで外界の状態を認知しています。

ただ、そうした情報収集と推論は意識下で行われるので、私たちは推論していることを自覚できません。そのため、私たちは外の世界が即座にそのまま見え、あるいは聞こえているように感じます。しかし、実際には目や耳などの感覚器から神経を経由して入ってきた情報を使いながら脳が推論を行い、その結果を見えた、聞こえたと感じているのです。したがって私たちが認知しているのは脳の推論結果であり、その処理には時間がかかります。そのため、私たちは現実から常に遅れた世界を認知していることになります。このようなかたちで認知が行われているという考え方を心理学では推論説と呼んでおり、19世紀のドイツの生理学者ヘルムホルツが主唱者とされています。

人間が収集できる情報には、身体の構造による制約があります。先に述べたように視覚の場合、目に入った光が網膜に映ります。網膜は二次元ですから、その像を立体的に見えるようにするために、脳では高度な推論が行われます。

これは、人類が発生してからずっと過ごしてきた自然環境でうまく働くように進化してきたものです。自然環境では、たとえば草が生えていて石が転がっている斜面を見ると、手前の草や石は大きく、ばらばらと間隔が空いているように見えますが、遠いものほど小さく、間隔は密に見えます。野原のなかを動きながら知覚すれば、地面の傾きや草や石の大きさや形は不変ですが、視点の変化に伴って見え方が変化し、光の当たり具合も変化します。五感に入ってきたそうした変化の情報をもとに三次元的な形状を認知できるわけです。この考え方を直接知覚理論といい、アメリカの心理学者ジェームズ・ギブソンが唱えました。

図1-2　「きめの勾配」の例。楕円の配置の仕方で奥行きがあるように見える。

私たちが物の見え方の密度などをもとに立体視していることは、錯視でわかります。自然環境でうまく働く視覚を、自然環境の特徴を模していながら人間が暮らしてきた環境に実際は存在しない図形に当てはめると、客観的な図形のあり方と、われわれの目で見たときの見え方が違ってしまうことがあります。こうした錯視の例としてギブソンが示したものに「きめの勾配」があります。これを見ると、平面上に点が並んでいる模様が、奥行きがあるもののように見えます（図1-2参照）。この錯視は、物の配置密度や傾きを奥行きとして知覚する人間の視覚の特性を使ったものです。

自由エネルギー原理による説明

さらに近年では、推論説と直接知覚理論を統合するものとして、自由エネルギー原理に基づく理論というものも唱えられています（乾・阪口、2020を参照）。この理論は知覚だけでなく、脳が運動や感情をどのように引き起こすかについてもうまく説明してくれる可能性があります。そのため、心理学のなかの多種多様な理論を体系づける「大統一理論」になる可能性があるとして、大きな注目を集めています。

この理論によると、脳はまず外界の状況を推定します。この推定はどこからくるかというと、それまで脳が貯えてきた周辺環境についての知識です。脳は推定した内容を目や耳から入ってきた情報と照らし合わせます。照合の結果、脳の推定と目や耳からの情報にずれがあれば、それをもとに外界についての推定を修正します。その際に運動による視点の変化があれば見え方の変化の情報も収集され、その情報は推定の修正に活用されます。情報は常に大量に入ってきますが、どの情報を重視して修正するかは、どれに注意を向けるかによって変化します。そして、一度修正された推定は、その後に目や耳から新しく入ってきた情報と照らし合わされて再度修正されるのです。このループを繰り返していくと、次第にずれは修正され、小さくなっていきます。修正が不要になったところで、推定の修正を止めます。この修正を止めた推定が、私たちが外界について認知する内容になるのです。

この考えでは、認知とは本質的に脳の推定であることになります。私たちはあたかも外の世界がそのまま見えるように感じていますが、そうではありません。脳がつくる推定の塊が私たちに「見えたような感じ」を与え、私たちはそのなかで暮らしているのです。映画『マトリックス』の世界ですね。

多くの人が同じ錯視図形を見て同じように大きさを錯覚したり奥行きを感じたりするのは、人間が外界から入ってきた情報をもとに外界の状態を推定する際に同じ方法に則っているからであり、そしてその方法からくる共通のゆがみ方があるからです。

このように、客観的に存在するありようとは別の認知の仕方をすることを、本書では「ゆがみ」と呼ぶことにします。

なお、ここでは外界の認知について説明しましたが、私たちの身体の内臓も、脳にとっては自分ではないという意味では外界にある物と同じです。したがって、内臓状態の認知も外界の認知と同じように処理されます。脳が内臓の状態について推定し、その推定と内臓からくる信号を突き合わせ、情報のずれをもとに推定を修正することを繰り返し、内臓の状態を認知します。
そして、私たちの感情も、内臓状態の変化（動悸《どうき》が上がる、体温が上がるなど）の原因の推定とその修正という、右に挙げたものと同じような過程を経て生じると考えられます。

†抽象的なものの認知のゆがみ

このように、認知とは本質的に脳の推論であり、最初の推定から出発して間違いを修正していく活動だとすると、最初の推定やその後の修正がうまくいかないと、周囲の世界を実際とは違ったかたちで認知してしまうことになります。そのような認知は、目に見えない、抽象的な認識対象についてもおよぶため、抽象的な認知がゆがんでいることがあります。これが本書で扱う「バイアス」です。

目に見えないもののうち、本書で扱うのは、確率判断や、人の性格や能力、印象、自分はどういう人間か、といったことです。それらをゆがんで認識することは、物事の判断や意思決定などにも影響してきます。

しかし、目に見えない、抽象的なものの認識がゆがんでいるかどうかは、どうやったらわかるのでしょうか。

†他者の観察におけるゆがみ

それは、実験を行うとわかります。たとえば、自分以外の人、つまり他者の行動を見て他者を判断するときに、他人のどんな行動に注目しているかを調べます。そして、他人の行動への注目の仕方にかたよりがあるかどうかを見れば、バイアスがあるかどうかがわかります。

ある社会心理学の実験によると、人は他者の行動のうち、社会的に望ましくない行為により注目します（Hamilton & Zanna, 1972）。注目する時間（注視時間）を測定した研究（Fiske, 1980）では、社会的に望ましくない行動に対する注視時間は、社会的に望ましい行動に対する注視時間よりも統計的に有意に長いという結果が示されました（第5章参照）。

これは、私たちには他者の社会的に望ましくない行動により注目して情報を取り入れるというバイアスがあることを示しています。

それだけでなく、他者の行動を思い出すときに、他者の行動傾向について考えていたときには社会的に望ましくない行動を思い出し、他者が行為した状況について考えていたときには社会的に望ましい行動をより多く思い出す、という実験結果もあります（Ybarra & Stephan, 1999）。つまり、悪い行動はその人の本性からしたもので、良い行動は状況に由来するものだとして思い出す、記憶についてのバイアスがあることを示しています。

私たちが他者の社会的に望ましくない行為に注意を向けるのは、望ましくない行為にこそ他者の傾向性が現れると考えているからだと説明されています。なぜなら、社会的に望ましくない行為というのは、それによって罰を受けたりよくない評判が立ったりするなど自分が不利益を受ける可能性があるのに、あえてしているからです。

つまり、損になるかもしれない行為をあえてするのはそれをとてもやりたいからで、どんな行為をとてもやりたいと思っているかを見ればその人がわかるという理屈です。それに対して、社会的に望ましい行為をすれば、ほめられたり周りの人に良い印象を与えたりして得になりますから、その行為が性格からきているのか計算ずくなのかはわからないというふうに考えられます。

このように、物理的世界だけでなく、他者に対する見方にもゆがみはあるのです。

2 バイアスはなぜあるのか?

合理的な認知や判断をはばむバイアスは、普通に考えると、ないほうがよさそうです。性別による差別のもとになるバイアスはないほうがいいですし、投資すべきかどうかの意思決定は、十分に情報を収集して合理的に考え、投資のリターンの期待値（＝うまくいく確率×うまくいったときに手に入る金額）を計算して、期待値がプラス（元手が返ってきてかつ利益が出る）ならば投資するほうが得です。

では、そのような合理的判断を邪魔するバイアスをなぜ人間は持っているのでしょうか。それはバイアスがあるほうが、心理的にも、また生物として生き残るうえでもメリットがあるからだと考えられます。認知のゆがみというとデメリットにばかり目が行きがちですが、実はメリットもあるのです。

以下では、心理的なメリットについて少しお話ししたあと、生き残りのうえでのメリットについてお話ししたいと思います。

†ゆがんだ認知のメリット

まずは、自己についての認知がゆがんでいることによる心理的なメリットを考えてみましょう。

たとえば、自分自身を実際よりもいいものだと考える「自己高揚バイアス」（John &

Robins, 1994）というバイアスがあります（第4章参照）。これがあれば、精神的にポジティブに過ごすことができますし、周囲の他者とも積極的に関わることができ、良い関係を維持できるでしょう。生きていくうえで欠かせないさまざまな作業もはかどるかもしれません。一方、精神的に十分にポジティブでなければ活動量が落ちたり自殺を考えたりと生存にダイレクトに影響します。このように、精神的にポジティブな状態でいることは、われわれが生物として生きていくうえでとても重要なことです。

また、他の例として、基本的に人間は好ましいものだと思っていれば（これを「パーソン・ポジティビティ・バイアス」[Sears, 1983] といいます。第5章参照）、他者に感じよく接することができ、他者と良好な関係を築くのに役立ちます。相手の立場からすると、初対面で感じよくしてくれる人とはいい関係を作りやすいでしょう。このように、パーソン・ポジティビティ・バイアスを持っていれば、周囲の協力者を増やすことができ、それだけ助けてもらえる機会が増えて、結果として生き延びることが容易になるでしょう。

他者が基本的に信頼できる行動をとり、新しく知り合いになった人ともオープンに付き合うことができる環境では、パーソン・ポジティビティ・バイアスは役に立つでしょう。一方で、周囲の他者が信頼できない行動をとりがちな環境では、他者は基本的に信用できないと認知し、決まった相手とのみ付き合ったほうが、自分の大事なものが失われずに済みます（Yamagishi et al., 1998）。

ポジティブなバイアスとネガティブなバイアスのどちらが生き延びるのに役立つかは、その人の周囲に協力的な人が多いか、危害を加えて収奪しようとする人が多いかという、環境次第です。環境に適したバイアスは人間関係的世界（自分の周囲の人間との相互作用が連続していって人間関係が構築され、それが自分の環境となっていく状態）を生き延びるのに有利に働きます。

したがって、認知がゆがんでいるとダメかというと、かならずしもそうとはいえないのです。他者の望ましくない行動に着目するようなバイアスがあれば、周囲の人を実際以上に悪いと認知するでしょう。この世は「憂き世」だと思うようになるかもしれません。しかし、そのときに得た情報で身近な人の性格的特徴が確実にわかるなら、そのほうが役に立ちます。つまり、その人と協力関係を築くかどうか、長く付き合うべきかどうかがわかり、自分が生きていくうえで必要なときに適切な人から助けが得られる可能性が高まるわけです。

人間について認知することを「社会的認知」または「対人認知」といいますが、これは次に述べるように、人間の進化と深く関わっているという指摘があります（Shettleworth, 2010）。

†ゆがんだ認知は受け継がれてきた

そのようにして、私たちの祖先は何万年にもわたり対人関係をうまくこなして同じグループの個体と協力し、必要な食料や住居、パートナーを得てきました。そうして生き残って子孫を残してきた人々の末裔《まつえい》が私たちです。そうすると、私たちが今持っている自分や他者についての認知のゆがみというのは、それが生き延びるのに有利だった、少なくとも不利ではなかったために受け継がれてきたと考えるのが合理的です。

生物は、遺伝子を子孫に伝えるための装置、「遺伝子の乗り物」であるという考え方があります（ドーキンス、1991）。その考え方からすると、人間の体の仕組みはもちろん、心の仕組みも生き延びるのに成功した個体が持っていたものが受け継がれてきたと考えられます。

そうすると、人間が今持っている認知の能力やその仕方は、生き残るのに有利に働いたものが現在まで伝わっているのであって、現実をあるがままに認知できるかどうかは二の次であったと考えられます。

私たちは、自分が世界をありのままに正しく認知していると思っているので、私たちの認知機構も世界を十分に、正しく認知するために進化してきたと考えがちです。しかし、実際には生き残りに必要で、それに適合したものが引き継がれてきている（ホフマン、2020）、というのは大事な視点です。

✝生き残りマシンとしての生物

少し回り道になりますが、「遺伝子の乗り物」の話をもう少し続けましょう。

生物は何のために生きているのでしょうか。これについてはいろいろな答えが考えられますが、「生き延びるため」という答えがありえます。生きることの目的が生き延びるため、というのはなんだか人を食ったような答えですが、この後の話の前提になります。

生物は環境に適合するように進化したと考えられています。遺伝子にさまざまな変異（バリエーション）が生じ、生物の身体などで違った形を生み出します。それが生き残りに適したものだった場合、子孫に遺伝子が伝えられていくという考え方です。「利己的な遺伝子」という言葉をどこかで耳にした方もいらっしゃるかもしれません。そのベースになっているのはこのような考え方なのです。

進化心理学は進化の考え方を取り入れた心理学の一分野です（Buss, 2019）。進化という場合、通常は身体の構造について言われる場合が多いでしょう。たとえば、鳥のくちばしの形が生息する場所によって異なるのは、餌を採るのに都合のよい形が環境によって異なっていたからだと説明されたりします（Lamichhaney et al., 2015）。環境に合った身体の形を持ったものが自然選択の結果生き残ったというわけです。進化生物学では、私たちの今の身体の仕組みは、私たちの祖先が当時生きていた環境での生き残りに有利だったものが残って受け継がれてきたと考えるのです。それと同じように、進化心理学では、今の私たちがもっている心の仕組みは、それが私たちの先祖の生き残りに有利だったから現在まで受け継がれてきていると考えます（そして、今この瞬間も変異が生じて選択が起きていると考えます）。

「生き延びる」と言いましたが、生物は個体としての自分が生き残るだけでなく、自分の遺伝子をコピーして、自分と同じ遺伝子を持った個体を残そうとします。個体としての自分は一代で滅びますが、遺伝子は受け継がれた子孫のなかで生き続けます。自分の遺伝子が受け継がれていくこと、これこそが生物が「生き延びる」こととして重要なのです。以上のことを正面から主張したのがイギリスの進化生物学者リチャード・ドーキンスの『利己的な遺伝子』です。なお、自分の遺伝子が残ることが重要であるという考えでは、子や孫といった直系の血族だけでなく、きょうだいやいとこやその子孫などの生き残りも重視します。そもそも自分の子どもでも自分の遺伝子を継ぐ率は50％ですから、子ども以外の個体でも自分と似ている度合いの高い遺伝子が残ればそれでよいからです。

†生き残りに必要な要素

それでは、生き残るのにどんな要素が必要だったか、考えてみましょう。ここでは、心に関係がありそうな要素にしぼって考えていきます。

そのためにはまず、私たちの祖先が生き残るためには何が必要であったかを考えねばなりません。それを考えるには、私たちの祖先がどのような環境で暮らしてきたかを想像することが役に立ちます。

現在の人類の祖先は、20万年ほど前にアフリカのエチオピア・ソマリア付近で誕生した（Stringer, 2003）といわれています（ただ、誕生の過程は複雑であるともされています［Ackermann et al., 2016］）。地球の長期的な気候のサイクルからすると当時の北アフリカは湿潤で（deMenocal et al., 2000）、6000年ほど前までは植物が広がり、現在のサハラが広がる地域のほとんどはサバンナやステップであったと考えられています（Hoelzmann et al., 1998）。現在の人類の祖先は森林のなかで、木に登ったり降りたりしながら、食料を探し、ときに狩りをし、また、捕食者から身を守って生きていたと考えられます。比較的血のつながりの濃い家族的な集団がいくつも集まって集団を作り、協力しあって生きていました。また、二足歩行をしながらサバンナでも暮らしていたようです。そのような状況で必要だったのは、どんな要素だったでしょうか。

†物理的環境への適応

まず、森林のなかを自由に移動できなければなりません。昼間活動するならば、光を使って周りの木の形や枝の形、地形などを見分ける必要があります。また、自分を襲う捕食者に気づいて逃げなければなりません。食べ物がある場所を見つけて覚えておくことも必要です。口に入れたものが、自分の体にとって良いものかどうか判断できる必要もあります。そう考えると、私たちの視覚・聴覚・嗅覚・触覚・味覚はそういった必要を満たすために発達し、受け継がれてきたと考えられます。さまざまな錯視を前に取り上げましたが、それはこのような自然環境のなかでうまく周囲を認識するためにつくられた仕組みの副産物だと考えられます。

†対人関係的（社会的）環境への適応

そして、私たちの祖先はグループを作って暮らしていました。類人猿の推定グループサイズは5から20、30人くらいであり（Janson & Goldsmith, 1995）、人間の祖先もそのくらいの大きさのグループで移動しながら暮らしていたと考えられます。集団内の他の個体の行動について覚えておくには脳が大きくなければなりません。大脳新皮質の大きさから推定した人間の集団サイズは147・8人という研究があります（Dunbar, 1993）。そして、狩猟採集社会で生活するさまざまな部族の集団の大きさについての20世紀の調査結果を見ると、最小集団のキャンプ（寝泊まりして一緒に暮らす集団）が20人から50人くらい、それより大きな「バンド」または村が60人から200人くらい、それより大きな部族（tribe）が400人から2000人くらいでした。

これだけ大きなグループで活動するならば、グループ内の他の個体と協力してやっていくことが必要です。そのために、言葉を使って他の個体とコミュニケートしたり、関係をうまく保つような仕組みを持つ個体が生き残ったはずです。他の個体とうまくやっていければ、食料を分けてもらったり、手が必要なときに手伝ってもらったり、協力して狩りをしたり、捕食者を見つけたらいち早く知らせてもらったりと、生き残るうえで大いに有利だったと考えられます。

そう考えると、今の私たちも、普段職場や趣味や地域活動で親しくつきあっている人や、もし小中高校生であれば同級生と仲違いするとなぜ落ち込むのかが理解できます。

私たちは人間関係がうまくいかないと不安になりますが、それは不安という気持ちが起きることによって「何かがうまくいってないから注意するように」というメッセージを心が発しているといえます。そして、そのメッセージが人間関係をうまくいかせるような行動を促し、自分のグループから排除されることを防ぐ行動をとらせます（Buss, 1990）。

それに対して、気分がいいときというのは、自分の人生がうまくいっていると感じられるときです。周囲の人とも問題なくやっていると判断しますし、将来への不安もないと考えるでしょう（Mayer et al., 1992）。そういう状態では、自分の今の状況を慎重に調べて考え直す必要はありませんし、周囲の環境や人間関係については、ある程度いい加減な情報収集と処理でもよいのです。

†二つの環境で生き延びた

以上で見てきたように、私たちの祖先は森林という物理的な環境と、他の個体と協力するという対人関係的な環境の双方でうまくやっていくための能力を身につけて、子孫に伝えていきました。

二つの環境でそれぞれうまく生きるには、五感から得た情報を統合して対象を認識したり、食料を採集できる場所を覚えておいたり、他者の顔や体つきの特徴、行動を記憶しておき、他者の様子や動作からその気持ちを理解するといった能力が必要です。

これらはいずれも人の精神作用です。こうした精神作用を担うものを、私たちは「心」

と呼んでいます。すると、私たちの心に備わっているさまざまな能力は、私たちの祖先が長年暮らしてきた自然環境で集団で生きてきた状況でつくられ、受け継がれてきたものと考えられます。それに対して、他者の気持ちがわからずに他者と良い関係を維持できなかったり、食料のありかを覚えていられなかった個体は、生き残りに不利で、あまり子孫を残せなかったと考えられます。そして、まったく子孫を残せなかった個体の遺伝子は伝わらなかったのです。

†心の働きのばらつきは、遺伝子のばらつきから

とはいえ、私たち人間どうしは、姿形が似ている者どうし、遺伝子も似ています。似たような遺伝子を持つ個体どうしでは、心の働き方も似ています。それでも、個体によって心に関する能力が異なるのはなぜでしょうか。それは、似たような遺伝子といっても、細かいところまで見ると違いが見られるからです。その遺伝子の違いが、心の働き方の違いに影響するのです。

ヒトの遺伝子が次の世代に伝わるときには、他の個体の遺伝子と混ぜ合わされます。その際に、遺伝子の組み合わせ方が異なったものが生じます。また、自分で自分の細胞の遺伝子をコピーする際に、外からの刺激などによってわずかに違ったかたちでコピーされる

ことがあります。このようにして、遺伝子にさまざまなバリエーションが生じます。バリエーションがあることで、私たちの体や心の能力にはさまざまな違いが生まれます。そして、生存に有利なものは残り、不利なものは子孫に伝わらずに消えていったと考えられます。したがって、身体の特徴だけでなく心の働き方も遺伝で決まる部分は無視できない程度にあり（安藤、2016）、それらは祖先から子孫へと伝えられてきたものだと考えられるのです。

†進化とバイアスの関係

このように、心の仕組みが身体の進化と同じような仕組みでできてきたとする考え方が進化心理学です（Buss, 2019）。この発想は、バイアスがなぜ存在するのかを説明するのに役立ちます。

まず、身体について考えてみます。私たちの身体は、理想的な形になるようにゼロから設計されたものではありません。私たちの祖先が、ある時点ですでに持っていた身体の仕組みに修正を施しながら、そのときどきの生き残りの課題に対応できるように変化してきたものです。いったんできあがってしまった身体の仕組みは、多少不都合があってもゼロから設計しなおされることはなく、当面の必要に応えられるように修正しながら次の代に遺伝し、使われます。

たとえば、私たちの眼球を見てみると、網膜にある視細胞から出た視神経は目の内側を通っています。それを脳につなげるためにはどこかで目の内側から外側に出なくてはなりません。そこで、網膜の一か所に穴が開いていて、そこから視神経を外に出して、脳につなげています。そのため、私たちの視野には眼球が健全な人でも見えない部分（盲点）があります。

視細胞から出た視神経が最初から目の外側を通っていればそういうことをしなくてすみ、盲点も存在しません。そちらのほうが、見るという機能に関してはすぐれています。たとえば、イカの眼球はそのようになっていて、盲点はありません。しかし、ヒトの祖先はいつかの時点で現在の網膜の構造をとるようになり、その子孫はそれを前提として改良するというかたちで目の構造を作ってきました。それが今の私たちに受け継がれています。ある日、盲点はないほうがよいからと、それまでの遺伝子を無視してイカの目のような神経構造の目を持った子どもが産まれてくることは困難です。このことを、進化における経路依存性と言います。時間は遡れないので、一度あるときに選択した身体の仕組みは、後日（何千年後か何万年後かはわかりませんが）不都合が生じたとしても、過去に遡って選び直して進化の過程をやり直すことはできないということです。

目で見て周囲を認知することのほかにも、私たちの祖先はこれまで多種多様な問題に直面してきました。そして、それらを乗り越えるために、さまざまな心の仕組みを作ってきたのです。たとえば、身近な人と協力するためには、自分に協力してくれる人とそうでない人を見分ける必要があります。そして、協力してくれる人と良い関係を築くように行動する必要があります。

そのときに、バイアスのある情報処理や判断をしたとしても、それを使うことで生き延びる可能性が高まるのであれば、そうした心の仕組みは残り、子孫に伝わっていきます。

以上のようにして私たちの心のさまざまな要素のなかに、バイアスのかかった情報処理や判断が、息づいていると考えられるのです。

†すばやく情報を処理するメリット

われわれ生き物にとって、すばやく情報を処理し、判断することは大事です。私たちは、つねに締め切りをかかえているからです。食べ物を手に入れる行動が間に合わなければ飢え死にしますし、睡眠を適切なタイミングと長さでとれなければ命の危険があります。適切な時期に相手を得て生殖することができなければ、遺伝子を伝えることができません。

そのため、いつまでも先延ばしにするよりは、さっと食べ物を手に入れたり、配偶相手を探す必要が出てくるでしょう。

すばやく情報を処理し、それでおおよそうまくいく行動をとることは、食事や生殖など、いつも「締め切り」がある生物にとっては、情報処理の中身が多少不正確であってもメリットがあるといえます。

心理学では、そういった処理を「ヒューリスティック的処理」と呼んでいます。おおざっぱで適当、非本質的な手がかりをもとに判断するのですが、だいたいあっている、という判断方法です。

たとえば、お金持ちがお肉屋さんに行ってお肉を買うとき、「とにかくいちばん高いのちょうだい」と言うとします。これは、どのような肉がもっとも品質が良く、おいしく、かつ自分に合っているかということを考える手間を全部飛ばして、「価格」というおおざっぱな指標をひとつだけ使って判断しようという、ヒューリスティック的な判断方法です。価格は品質や味や人気や需給などの影響を受けて決まるでしょうから、価格が高ければだいたい良いものであると推測できます。しかし、それぞれの要因が価格にどのくらいの影響を与えているかはわからないので、その肉が自分の好みに合っているか、質はたいしたことがないのに人気だけが高いのか、値づけに関する肉屋さんの事情などの要因は価格だけからはわかりません。また、肉には味や自分の好みや産地や血統や生産過程など、いろいろな要素があって、それぞれがどの肉を買うかにおいて大事な要素になりえますが、価格は数値が大きいか小さいかという一つの要素しかありません。その分、情報が少ないのです。その意味で、価格というのは肉のいろいろな特徴についてのおおざっぱな指標なのです。

「価格だけで肉を選ぶ」という方法を採らずに丁寧に判断するなら、次のような要素を調べて考え合わせなければなりません。その肉屋には何肉がおいてあるのか？　どの部位の肉が置いてあるのか？　それぞれの肉の味の特徴は何か？　栄養成分や味はどう違うのか？　自分の味の好みにもっとも適合するのはどれか？　血統は？　飼われていた環境は？　餌は？　等々。これらの要素について丁寧に情報を収集したうえでじっくり考え合わせて、どの肉を何グラムずつ買うのか判断すると、より正確な判断が可能になりますが、それには多くの時間と認知資源が必要になります。また、そのような判断結果がよりよいかどうかもわかりません。なお、「認知資源」とは頭で情報を処理するためのエネルギーと考えておいてください。

時間も認知資源も有限です。お金を持って、ある肉屋で買い物をする、そこまで決めたらあとは「価格」というおおざっぱな指標で決めてしまう、というのも一つの方法です。そのようにして選んだ結果も、丁寧に情報収集して時間をかけて判断して選んだ結果も、生き延びるという観点からするとそれほど変わらないとすれば、すばやく選んだほうがあまり時間とエネルギーを使わずにすみます。お金が潤沢にあって、お金よりも時間やエネルギーのほうがずっと貴重になれば、ますます時間やエネルギーを節約するほうが生き延びるうえでは有利になるでしょう。それは、生き延びることが何よりも大事な生物にとっては、きわめて重要なことなのです。

†ヒューリスティックスの重要性

以上のように、ベストの判断でなくとも、ベターくらいの判断を、すばやく、あまり頭を使わずにすることは、生き延びるうえで大事です（Gigerenzer & Goldstein, 1996）。また、状況によっては、ヒューリスティック的な判断が、とりうる判断のなかでいちばん良いこともあります（Gigerenzer, 2008）。したがって、多少の間違いを含んでいたり、かたよっていたりしても、そのように判断する能力が受け継がれてきたと考えられます。これが、私たちがヒューリスティックスとそれに基づくバイアスを持っている一つの理由だと考えられます。

生き延びるうえでは、致命的な間違いをしないことが大事です。多少の間違いであれば生き延びることには影響がないでしょうが、致命的な間違いを一度でもすれば、文字通り命を落とすことになります。したがって、生物が将来に向かって判断をする際には、成功を収めることよりも、致命的な間違いを避けることを重視することになります。

環境に大きな変化がなければ、親や祖父母と同じようにやるのが生き残りの可能性を高めます。基本的には、生物一世代分、数年から数十年で環境に大きな違いはないからです（最近の人間が直面する環境はそうでなくなっていますが）。したがって、生物は保守的にやっていくほうが生き延びることができます。そう考えると、生物には保守的にやっていく仕組みがあると考えるほうが理にかなっています。

また、新しい行動様式を取り入れるときには、他の個体がやっていて、致命的な問題はなさそうだということがわかってから真似したほうが安全です。失敗のリスクが致命的なものかどうかは、だれかが失敗してみないとわからないからです。もし致命的なものであれば、失敗した時点で自分の生き残りと遺伝子を伝えるという生物の目的が達成されないことになります。それに他者を真似すれば、どうやってやるかも自分で調べなくとも簡単にわかります。

技術革新の普及に関する研究で、新規な技術は社会に徐々に受け入れられていくが、それは受け入れる人たちの行動特性がばらついているからだというモデル（Rogers, 1958）が広く使われています。そのモデルでは、技術革新を受け入れる時期によって、人をイノベーター（2・5％）→アーリーアダプター（13・5％）→アーリーマジョリティ（34％）→レイトマジョリティ（34％）→ラガード（16％）に分けています（図1－3参照）。カッコ内の数字は、正規分布を仮定したときに各カテゴリーに入る人数の割合についてモデルから予想したものです。レイトマジョリティとラガードを合わせると50％に達するのに対して、イノベーターとアーリーアダプターを合わせても16％です。早めに使い出す人は少ないのです。

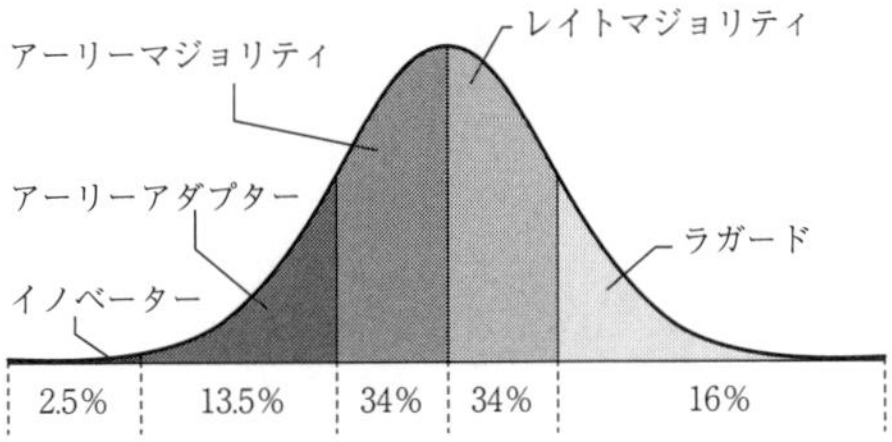

図1－3　技術革新の普及モデル

コンピュータの世界では、出たばかりの新しいバージョンのソフトウェアには重大なバグが残っている可能性があり、多くの人の不具合報告を受けて修正されていきます。それを進んで試す人が、自らのことを自虐的に「人柱」と呼んでいます。人柱というのはもともと、城や堤防などを作るときに、その完成を願って神に捧げられるいけにえのことですから、この呼び名は、以上の事情を直感的に表現したものと言えるでしょう。新しい技術や製品に挑むような好奇心の強い人々は集団全体からみると少数派で、しばしば失敗し、その犠牲となります。生物の場合であれば遺伝子を残すことができず、生き延びることができません。ですから、それ以外の人々は、時間とエネルギーのコストを減らして致命的な間違いが起きないよう、保守的な行動をとろうとするのです。ただ、イノベーターのような存在がまったくいなくなってしまうと今度は革新が起きなくなってしまいますから、遺伝的な変異などによって好奇心の強い人は常に少ないながらも集団のなかにいることになります。

3　バイアスについて知る意義

†バイアスは無意識に生じるもの

それでは本章のまとめとして、バイアスについて知るとどのような意義があるのかについて考えてみましょう。その前提として、バイアスは無意識に生じ、意識的に修正することが難しいという重要な特徴があります。

バイアスは「かたよって認知しよう」と思っていてもいなくとも、自動的に生じます。そして、その働きを意識や意思の力で押し留めたり変更することはできません（Kahneman, 2011）。それは、バイアスは意識下の情報処理で生じているものであり、意識的な努力やコントロールによって使ったり使わなかったり、その範囲を変更したりすることは難しいからです。

バイアスに関して著名な理論として、「プロスペクト理論」(Kahneman & Tversky, 1979) があります（第2章参照）。「プロスペクト」とは見込みや見通しのことです。

プロスペクト理論では、利益や損失についての見通しと、それから感じる感情的な喜びや痛みの量の関係を扱っています。たとえば、今から1000円得られると思ったときの喜びの大きさと、1000円を失うと思ったときの痛みの大きさを比べると、失う痛みの大きさのほうが大きくなります。数値的には得るものと失うものの量が同じなのですから、感情の大きさも同じになりそうなものです。しかし、私たちはすでに持っているものを失うことに、より大きく感情を動かされるようにできています。これは、生き延びるという観点から言うと、今自分が持っているものはなるべく保持するようにしたほうが有利だったからだと推測することができます。

そして、以上の感情の動きは、プロスペクト理論を聞いたあとでも変更したり意のままに操ったりすることは難しいのです。

†バイアスかもしれない、と思うことの効果

　では、バイアスについて知っても、自分で修正できない認知の間違いについての知識が増えるだけで、その結果苦しくなるだけなのでしょうか？　知らずにおけば自分がそんな間違いをしているなんて思わずに過ごしていられますから……。

　しかし、認知を行う際には気づかなかったとしても、バイアスについての知識があれば、あとから「バイアスに影響されていないか？」と思い返すことができます。意識的選択や意思決定を行う際に「自分がそれに基づいて判断しようとしている情報には、バイアスによるかたよりが含まれているのではないか？」と考え直すことで、意思決定の際に不都合なかたよりに影響されたままにならずに済むようになることもあります。

　また、第6章で取り上げる、バイアスを緩和する方策をとることも可能です。

　このように、バイアスは知ったからといってなくせるわけではありませんが、対策をとることが可能なのです。少なくとも、対策が必要なことに気づくだけでも大きな違いを生み出すでしょう。

†バイアスを意識的に検討する

たとえば、自分が採用担当者になったとしましょう。その際に、よく似た能力・年齢の男性の候補者と女性の候補者がいたとします。筆記試験での成績はほぼ同じ。面接してみると、男性のほうが女性に比べて長く自社に勤めてくれそうな雰囲気を感じました。そう考えると、全体的な印象も好ましく、また、筆記試験に現れない能力で男性が上回っていたようにも感じられます。

その後、上司や同僚とどちらを採用するか話し合うことになりました。その際に、バイアスについて知らなければ、自分の受けた印象をそのまま正しいものと考えて何らの疑いも持たないかもしれません。そして、「筆記に現れない能力では男性候補者のほうが優れていた感じだし、我が社にコミットしてくれそうだったので、男性候補者を採用することがよいと思う」と述べることになるかもしれません。

会社としては、同じくらいの能力ならば、長く勤めてくれる人を採りたいと思います。なぜなら、短期で辞められると採用活動を繰り返す必要がありますが、それにはコストがかかります。また、採用された人が入社後仕事を覚えるまでには時間がかかり、その間会社が支払う給料に見合った仕事をすることは難しいからです。

しかし、採用担当者が「男性のほうが長く働いてくれそうだ」と感じるその感覚が、実は男女の性別役割（ジェンダー）に関するさまざまな学習の結果、身についた無意識的な情報処理の仕方によっているのかもしれません。これまでの社会人経験や人事担当の経験として、男性のほうが長く勤めてくれたケースが印象に残っていれば、それを学習して男性に対する長期勤続の期待をもつことになります。人は自らがもつ期待で他者認知が変化しますから、長期勤続の期待を持っていれば、「男性のほうが我が社にコミットしてくれるはずだから好ましい」という印象を無意識に持つことがあるでしょう（ここでの「学習」とは、さまざまな情報を自分のなかに取り入れて体系化して保存するという、心理学的な意味での「学習」で、学校や塾や家で勉強するという意味ではありません）。

こうして、自らの期待というバイアスの影響を受けている結果、たとえば男性の候補者に理由のよくわからない転職の履歴があったなど、ほかに重要な判断の手がかりがあってもその情報の価値を小さく考える可能性があります。最終的には未来のことはわかりませんが、女性よりも男性のほうを有利にみて、そしてそれが客観的にも正しいという感覚を持ってしまう可能性があります。

そういったとき、最終的に結論を出す前に「自分のこの判断は、バイアスによっているのではないだろうか？」と思い返してみることは可能です。その際に、過去の学習に由来する期待がバイアスになっているかもしれないと知っていれば、より容易に気づけるかもしれません。

以上のように、バイアスは意識的で慎重な情報処理をすることで、その影響を減じることもできます。ただ、すばやい情報処理が必要なときにはなかなか難しいことです。

重大な意思決定のときに、最終的な決定の前に「バイアスによる情報に基づいて意思決定していないだろうか？」と思い返す時間をとることで、不都合な影響を減じることができます。それがバイアスについて知り、理解することのメリットと言えるでしょう。

＊

本章では、バイアスとは何かということと、それがなぜ存在するのかという理由を、推論作用としての認知と進化という二つの観点から説明してきました。そして、ヒューリスティック的な判断の大事さについて説明し、最後にバイアスの特徴についてまとめました。

次章以降では、具体的にどのようなバイアスがあるのかを見ていきましょう。

第2章

バイアス研究の巨人

——カーネマンとトヴァースキー

1　見え方の違いと意思決定

ここからバイアスの話に入っていきますが、はじめにバイアス研究の二人の巨人を紹介しましょう。

二人の巨人とは、ダニエル・カーネマンとエイモス・トヴァースキーです。ともにイスラエル出身の心理学者で、バイアスの研究を精力的に行いました。二人ともイスラエル・アメリカ両国で活躍し、リチャード・セイラー（2017年ノーベル経済学賞受賞）とともに行動経済学の基礎を築きました。行動経済学とは、人間の経済的な行動に関して実験や調査を行い、その結果わかったことをもとにして理論を構築していく経済学です。かならずしも従来の経済学ではうまく説明できなかった実際の人間行動や経済現象を、心理学的な知見を導入することで実証的に説明しています。カーネマンとトヴァースキーの研究結果は、それまでバイアスの存在を考慮していなかった経済学の理論を書き換えるものとなったのです。そして、「認知心理学、特に不確実性下における意思決定に関する基盤的研究からの洞察を経済学に統合し、それによって新しい分野を切り開いた」という功績で、カーネマンは2002年にノーベル経済学賞を受賞しました（残念ながらトヴァースキーはその前に亡くなっていました）（Nobelprize.org, 2002）。

それではまず、彼らの研究でもっとも有名なものとなった、プロスペクト理論（Kahneman & Tversky, 1979）から紹介しましょう。これは意思決定の心理学だけでなく、行動経済学において大きな影響力を持っている理論です。

†プロスペクト理論——喜びと悲しみの非対称性

バイアス研究の巨人の業績で最も有名なものがこの理論です。この理論が問題にしたのは、あるものを得るときの喜びの大きさと、失うときの悲しみの大きさを比べたらどちらが大きいか、という問題です。

得るものと失うものが同じなら、当然、喜びと悲しみの大きさは同じだと思われるでしょう。しかし実験の結果、同じ金額を得る場合と失う場合では、失うときの悲しみのほうが大きいことがわかったのです。

プロスペクト理論は、期待効用理論を批判しました。期待効用理論というのは人間の行動選択に関する理論です。人間が複数の行動からどれかを選ぶ場合、それぞれの行動をとった場合に得られる効用（有用性や満足度など）の大きさと確率を計算して、効用と確率の積（期待効用）の合計がもっとも大きい行動を選択する、と主張する理論です。

期待効用理論は経済学や心理学にも取り入れられている、意思決定に関する重要な理論です。そして、期待効用理論は人間がバイアスなしに意思決定をすることを前提にしていました。しかし、(1)私たちは何かを得たときに感じるうれしさを小さく、失ったときに感じる悲しさをより大きく感じ、(2)私たちは不確実な状況下で何かが起こる確率を実際よりもゆがんだかたちで予想することがわかったのです。つまり、期待効用理論の前提が、人間の意思決定にはかならずしも当てはまらないことが明らかになりました。ここでは(1)についてお話ししていきましょう。

†不確実性下の意思決定

期待効用理論で扱う意思決定問題に、「不確実性下の意思決定」というものがあります。たとえば、ある夏の日に、これから雨が降るかもしれない状況で傘を持って出かけるかどうかを決めるとしましょう（Briggs, 2019を参照）。雨が降ったときに濡れるのは嫌ですが、暑い日に傘を持って歩き回るのも嫌です。

このように、意思決定の結果が確実には決まっておらず、ランダムに決まる場合、その意思決定問題は賭けやクジとして考えることができます。右の例で雨の降る確率が40％だとすると、傘を持っていく行動は確実に面倒なのでマイナス100円、傘を持っていかない行動は40%の確率で雨に降られたときにはマイナス500円、雨に降られなかったときにはマイナス0円という賭けだと考えることができます（数値は例です）。ここで示した金額は、賭けで得られる利得です。そして、効用とはその利得を人間が評価したものです。利得はどのくらい損か得かという話で、効用はその損得をどのくらいうれしい、あるいは悲しいと感じるか、ということと考えるとわかりやすいでしょう。

そして、期待効用理論では、人間は期待効用がもっとも大きくなる行動の選択肢をえらぶ、と考えます。期待効用とは、ある行動の選択肢をとったときに平均的に得られる効用のことで、その選択肢をとったときに起こる結果にそれが生じる確率を掛け合わせたものをすべて足したものです。厳密に言うと利得（損得）と効用（うれしさ、悲しさ）は違いますが、数字で考えやすくするために利得と効用を同じだと考えます。

先の例で言うと、傘を持っていったときの期待利得はマイナス100円×100%でマイナス100円、持っていかなかったときの期待利得はマイナス500円×40%＋0円×60%で、マイナス200円です。賭けの期待利得としては、傘を持っていったほうが大きくなります。そして、人間が利得を効用として評価するときにバイアスがなければ、感じ方や意思決定もここで示した金額の通りになります。

しかし、利得を評価する際に、バイアスがあることが明らかになったのです。たとえば、カーネマンとトヴァースキーが報告した賭けの実験に、次のようなものがあります（Kahneman & Tversky, 1979）。なお、数字の単位は当時のイスラエルポンドで、中程度の家庭の平均的な手取りを3000とした場合の問題なので、ここで示された数字をだいたい100倍くらいすると、日本円になるイメージです。

4000を80％の確率で得られるのと、確実に3000が得られるのはどちらがいいか？　という問題に対しては、回答者の80％が後者を選択しました。前者の期待利得は3200になるので、経済学的にいうと前者を選ぶほうが得をすることになります。

一方、4000を80％の確率で失うのと、確実に3000を失うのではどちらがいいか？　という問題では、回答者の92％が前者を選びました。前者の期待利得はマイナス3200なので、前者を選ぶほうが損することになります。

このように、人は、平均利得としては損をすることになっても、確実な利得を高く評価し、平均利得としては得することになっても、確実な損失のほうを低く評価します。期待利得の大きさの大小が、そのまま期待効用の大小にはならないのです。

さまざまな場合の実験を重ねて、得られる利得を効用に変換する際の変換グラフを導き出したのが次の図です（図2-1）。

縦軸が上に行くほど効用が高く、下に行くほど効用が低くなります。効用が上がれば喜びは増え、効用が下がれば悲しみが増えるわけですから、縦軸の上に行くほどうれしくなり、下に行くほど悲しくなるといえます。右が得、左が損です。もしバイアスがなければまっすぐになるはずですが、やや曲がっています。

中心点は「参照点」と呼ばれていて、現在の状態です。これがスタート地点です。ここから何かを得るときには効用はだんだんと上がっていって、やがて上がり方は緩やかになっていきます。

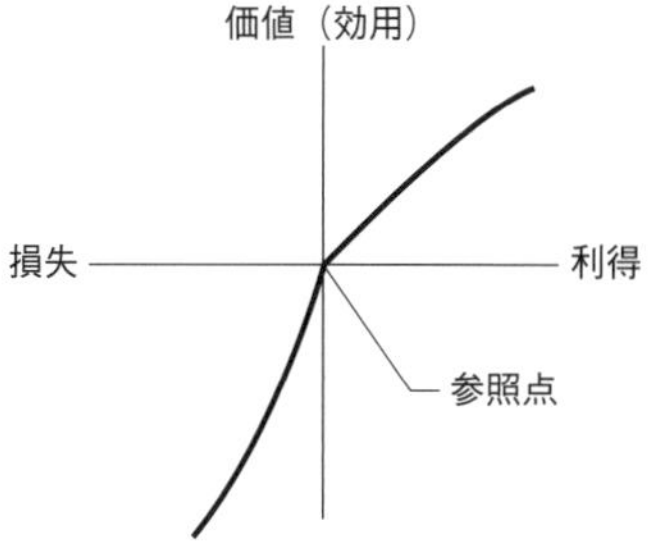

図2-1　利得を効用に変換する際の変換グラフ

参照点から物を失う方向に動くときは、急激に効用が下がっていきます。いわば、悲しみが増えていきます。悲しみの増え方も緩やかになりますが、それでも何かを得たときに喜びが増えるスピードよりも悲しみが増えるスピードのほうが早いようです。

その結果、私たちは、平均利得からすると、賭けをしたほうが得になる場合でも、損を恐れて賭けを避けたりします。これをリスク回避的行動と言います。

また、私たちは一度「手に入れた」と思ったものは、

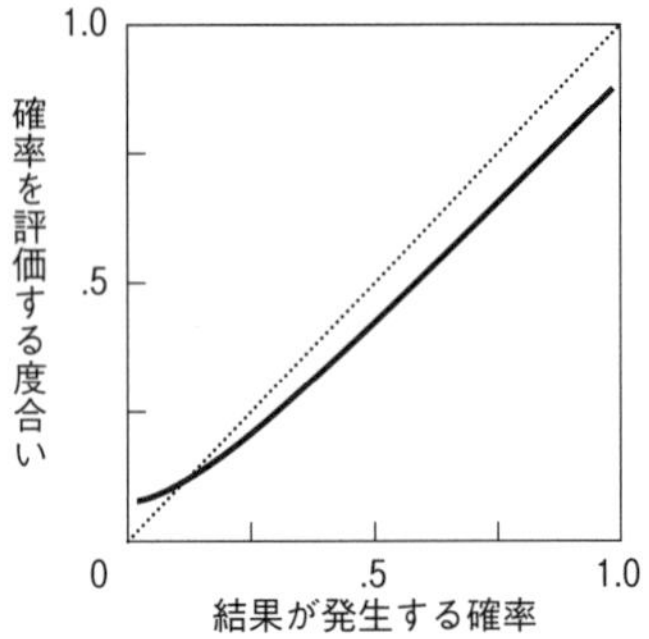

図2−2　予想される結果の確率とその評価

なるべく手放したくないと思うようにできているようです。これは、私たちの先祖が非常に不安定な自然のなかで生きてきていて、自らの生き残りのためになるべく確実に何かを手に入れて、それをなるべく手放さないようにするという判断傾向を持っていたとすると、納得がいきます。

なお、プロスペクト理論の論文中の確率評価では、次のような結果が得られています（図2−2）。

横軸は予想される結果が発生する確率で、縦軸はその確率を意思決定においてどのくらい重視するかです。こちらは比較的、期待効用理論が予想する線形に近い形と言えますが、確率が低いほうに関しては意外と重視され、確率が高くなるほうは、確率の上がり具合ほどは意思決定において重視されないということがわかります。

†フレーミング効果――「朝三暮四」は笑えない？

プロスペクト理論は得るときの喜びと失うときの悲しみの違いの話でしたが、いつ・どのくらいもらえるかでも、うれしさはけっこう違います。

「朝三暮四」という故事成語があります。猿が好きな狙公《そこう》が、猿を飼っていました。エサの栃《とち》の実の与え方について、猿に対して「朝は3つ、暮れには4つ与える」と言ったら猿はそれでは少ないと言って怒りました。そこで狙公が「じゃあ、朝に4つ、暮れに3つにする」と言ったら喜んだ、という話です。

この話の解釈として、「一日に7つなのは同じなのに、目先の違いに囚われることは愚かなことだ」というものがあります。

朝三暮四はわかりやすい話なので猿のおかしさもすぐにわかるのですが、もう少し複雑になると、同じような過ちをおかしてしまう現象があります。それがフレーミング（framing）の問題です。

フレーミングは枠をつける、というような意味で、同じ問題や情報でも、提示の仕方でまったく違った印象を与え、違った判断を引き出す現象に関して言われます。確率判断の提示の仕方から受けるバイアスと言えるでしょう。

フレーミングに関しては、有名な実験があります（McNeil et al., 1982）。肺がんの治療法の選択に関しての実験です。

あなたが肺がんであることがわかったと想像してください。放っておくことはできず、入院して治療を受ける必要があります。治療には治療法Aと治療法Bがあります。そのどちらかを選ばなくてはなりません。

治療法Aを選ぶと、治療直後の生存率は90％です。そして、1年後の生存率は68％、5年後の生存率は34％です。治療法Bを選ぶと、治療直後の生存率は100％です。治療法Bの1年後の生存率は77％、5年後の生存率は22％です。もしあなただったら、どちらを選ぶでしょうか？

この実験では、治療法Bを選んだ人は31％でした。この回答者は、持病を持って病院に通っていた外来患者さんたちでした。

	生存率			選択率
	治療直後	1年後	5年後	
治療法 A	90%	68%	34%	69%
治療法 B	100%	77%	22%	31%

	死亡率			選択率
	治療直後	1年後	5年後	
治療法 A	10%	32%	66%	32%
治療法 B	0%	23%	78%	68%

表2-1　各治療法と生存または死亡率。提示の仕方が異なるだけで、どちらも治療成績は同じ。

それに対して、今度は次のように質問の仕方を変えました。

治療法Aを選ぶと、治療直後の死亡率は10％です。そして、1年後の死亡率は32％、5年後の死亡率は66％です。治療法Bを選ぶと、治療直後の死亡率は0％です。治療法Bの1年後の死亡率は23％、5年後の死亡率は78％です。もしあなただったら、どちらを選ぶでしょうか？

するると、確率的にはまったく同じものを死亡率の側から言っただけであるにもかかわらず、治療法Bを選ぶ人は68％になりました。

これはなぜでしょうか？　治療法Aを選んだ際の治療中に死亡するリスクの違いが、最初の言い方だと目立たないのに比較して、後の言い方だとかなり目立つからではないか、とこの研究者グループは推測しています。

そして、統計を勉強したビジネススクールの大学院生を対象とした実験でも、最初の言い方で治療法Bを選んだ人は27％、後の言い方では53％と、ほぼ同じようなパターンを見せています。また、放射線科医の回答者は、前者のフレーミングでは51％、後者のフレーミングでは62％が治療法Bを選択しており、同様の傾向が見られました。

なお、ここでいう「治療法A」は手術、「治療法B」は放射線治療でした。実験中に提示された生存率は当時の各治療法の治療成績データから採られたものです。

この実験では治療法の名前を明らかにしたときの回答率も調べています。治療法Bを「放射線治療」と示した場合には、選択率は落ちました。特に前者の生存フレーミングでは大幅に落ちています。この理由として、回答者が放射線治療に関する何らかのデータを知っていたか、何らかの先入観があったのではないかと思われます。

フレーミングと同じような、見え方の違いによって意思決定に影響が出そうな話として、国が高等教育無償化政策を言い出した際に言われたことが思い出されます。

たとえば、国立大学の授業料が年額60万円で私立大学の授業料が年額100万円だったとします。このとき、次の二つのケースを比較してみてください。(1)国が学生1名につき一律60万円の補助金を大学に出して、学生と親御さんの年間の授業料の支払いは国立大学0万円、私立大学40万円でいいことになった場合。(2)年間の授業料は国立大学が60万円、私立大学が100万円のままで、国が各学生に一律60万円の奨学金を支給することになった場合。どちらもこれまでと授業料の差額は同じです。しかし、フレーミングの実験結果からすると、(1)の場合には、国立大学への進学希望率が激増してもおかしくない、かもしれません。

2　数字の影響力

†係留と調整のバイアス――アンカーは重い

数字というのはなかなか扱いがやっかいで、理屈通りには判断できないという例を二つあげてきました。

次も数字の判断の話ですが、一度数字が出てしまったらその印象を変えるのはとても困難だという話です。ことほどさように、人間にとって数字というのは扱いが難しいようです。

ここで取り上げるのは「係留と調整のバイアス」です。もとの英語はanchoring and adjustment biasとなっています（Tversky & Kahneman, 1974）。碇《いかり》（アンカー）を下ろしてそこから少し調整する、というイメージです。

たとえば、誰かがあなたに「お小遣いをあげよう。いくらがいい？」と言ったとします。そして続けて、「500円でいい？」と言われると、「500円はちょっと少ないなあ……せめて1000円は欲しい」などと考えてしまうかもしれません。

そのような思考が始まると、いくら多くもらおうとしても「100万円」というような回答はなかなか出てこなくなります。

このように、数字に関する意思決定をするときには、一度手掛かりになる数字を示されるとそれが「アンカー」となり、それよりも高いか安いかというかたちで意思決定をしてしまう、というのが係留と調整のバイアスです。

物には値段の「相場」があることが多いですね。その相場がいくらなのかが頭に入っていると、そこから高いか安いか、というかたちで考えることが多くなります。

たとえば、コンサルタントの和仁達也氏は、個人でやっていくコンサルタントに対して、値決めにあたっては自分の報酬をお客さんが何と比較してほしいかを自分で決めるように（客に決めさせるのではなく）とアドバイスしています（和仁、2014）。自分のひと月のコンサルティング料を15万円と設定すると、顧客企業から見て、社員を一人雇うのと比較すれば安くなります。しかし、一般的な月極契約のアドバイザー（税理士など）の報酬の相場から考えると高いと感じられるでしょう。お客さんに安いと思ってもらえれば、喜んで報酬を払ってもらえるというのです。

†司法判断におけるアンカー

これは、値段を決める場合だけではありません。裁判で刑や賠償金額（Diamond et al., 2011）を決めるときなどにも影響があります。

たとえば刑事裁判では、検察官は求刑を行い、被告人を懲役何年にすべきか等の意見を述べます。弁護士も刑についての意見を述べることがあります。したがって、最終判断の前に、裁判官や裁判員は求刑という大きなアンカーを受け取ることになるのです。

そうすると、「求刑から重くするべきか、軽くするべきか？」というかたちで考えることになります。実際に、学生や経験豊かな裁判官を対象に行われた実験では、判断者は求刑の影響を受けて判断します（Englich & Mussweiler, 2001）。

裁判員裁判では、量刑検索システムが活用されています（三島ほか、2016）。量刑検索システムとは、これまで裁判所で有罪の宣告がなされたさまざまな刑事事件の特徴（犯人の数、被害者の数、被害の程度に関わる事項等々）と科された刑罰が入力されているデータベースです。すべての事件が入力されているわけではありませんが、判断の参考になるだけの十分な数の事件の情報が入力されています。事件関係者のプライバシーを保護するためデータは匿名化されているうえ、裁判所外の外部者は利用できません。

裁判官と裁判員が事件について評議（話し合い）して、有罪の結論が出た場合には刑罰を決めることになります。その際に裁判官等が量刑検索システムから、今評議している事件と似たような事件の刑罰がどのくらいだったかの情報を引き出して、刑罰を決める参考にします。類似の事件といっても事件によって事情はさまざまなので、刑罰の重さはばらついています。そこで懲役x年の事件はy件、といったようにヒストグラムの形で一目でわかるように表したのが量刑グラフです。刑罰について決める際にはこのグラフが参考にされます。事件は一件一件異なりますので、結論を出すべき目の前の事件は、データベースに入力された過去のどの事件とも異なっています。しかし、それでも量刑グラフはアンカーとして働きます（綿村ほか、2014）。

裁判員は法律にはなじみがありませんから刑事裁判に慣れていません（そのような市民にこそ刑事裁判に参加してもらうというのが裁判員制度の重要な要素です）。不確かな状況では判断のよりどころとしてアンカーを使おうとする傾向が人にはあります（Whyte & Sebenius, 1997）。また、刑事裁判のプロである裁判官も、量刑の相場観を意識しつつ必要に応じて見直すとの所感を述べています（「時間かけ出した結論に厚み　裁判員制度10年、丹羽敏彦・東京地裁裁判長に聞く」、2019）。

裁判員がアンカーの影響を受けることは、市民の判断の自主性を損ねるよくない傾向かというと、必ずしもそうではありません。裁判で法の下の平等（日本国憲法14条1項）を実現するには、同じような犯罪をした人には同じような刑罰を科すべきです。したがって、アンカーの影響を受けることには良い面もあるのです。

†基準率の無視――確率は難しい

前節では、私たちがいかに数字の印象を重く受け止めてしまうかを示しました。次はそれと反対に、考えなければならないことがすっぽり頭から抜け落ちてしまうというバイアスを紹介しましょう。

私たちが何かを判断するとき、絶対にそうだと言い切れることは多くありません。「おそらくこうであっただろう」とか「こうであった可能性が高い」というふうに考え、判断を下します。このように私たちの判断において、確率というものが大きな意味をもっています。

将来起こることを予想したうえで行動を選択したり、自分が直接経験しなかったことを推測して何があったか判断する場合には、確率的に判断することになります。ありうる事柄をいくつか考え、それぞれの起こる確率を考え、起こる確率が高そうなことを重視して行動や判断内容を選択していくのです。

たとえば、裁判員として参加した裁判で有罪か無罪かを決めなければならない場合、事件現場には裁判官・裁判員の誰もがいなかったのですから、確実にそうであったとは断定できないような不確実な状態で判断を下さなくてはなりません。このような不確実性下での認知や意思決定に重要なのが、「基準率」です。

基準率とは、何も条件をつけない状態での確率です。たとえば、日本の弁護士の数は2017年の時点で3万8980人です（日本弁護士連合会、2017）。同年の日本の人口は1億2670万人ですから（総務省統計局、2017）、およそ日本の人口の0・03％が弁護士ということになります。この場合、ランダムに一人日本人を取り出したら弁護士である確率、つまり日本における弁護士の基準率は0・03%です。

カーネマンとトヴァースキーは、「タクシー問題」という問題を、自分たちの行った実験で出しました（Tversky & Kahneman, 1980）。

1台のタクシーが夜に当て逃げの事故に巻き込まれました。その市内では、グリーンとブルーという2つのタクシー会社が営業しています。次のデータが与えられます。⑴市内のタクシーの85%がグリーンで、15%がブルーです。⑵目撃者は、タクシーをブルーのタクシーだったと言いました。裁判所は、目撃者がタクシーを識別する能力を適切な視界条件の下でテストしました。タクシーのサンプル（半分はブルーで、残りの半分はグリーン）が示されたとき、目撃者は80%の確率で正しい識別を行い、20%の確率で間違えました。

質問：事故に関係したタクシーがグリーンではなくブルーだった確率はどのくらいですか。

カーネマンとトヴァースキーの得たデータでは、回答者はおおよそ「80%の確率でブルーだった」と答えました。

これは、目撃証人の識別の正確さが80％だから、それを直感的にも採用したのだろうとカーネマンとトヴァースキーは述べます。しかし、基準率を計算に入れると80％にはなりません。正解は約41％になります。

目撃者の証言が正しい確率が80％もあるのに、こんなことが起こるなんて意外ですね。実はそう思ってしまうのは、「基準率の無視」を起こしているからなのです。

	グリーン（85%）	ブルー（15%）
証言が正しい（80%）		0.12
証言が誤り（20%）	0.17	

表2-2　目撃者が「ブルー」と証言した場合の実際に起こったであろう事象の確率

基準率を考えると、実際にはブルーのタクシーはその市内には15％しかいませんでした。すると、目撃したタクシーについて、目撃者がブルーと証言し、なおかつそれが正しい確率は0.15×0.8＝0.12で12％です。一方、目撃者は20％の確率で間違えます。したがって、目撃したのがグリーンのタクシーなのに目撃者が誤ってブルーと証言する確率は、0.85×0.2＝0.17で17％となります。

以上を合計すると、目撃者が目撃内容を尋ねられたときに、「ブルー」と回答する確率は全部で0.12+0.17＝0.29で29％あります。このうち正しいのは、事故に関係したタクシーがブルーで目撃者が正しくブルーと言った0.12の場合だけです。したがって、目撃者が「ブルー」と言った場合にその回答が正しい確率は、0.12÷0.29≒0.41で、約41%となるのです。

もしこれが本当の裁判で証言した目撃者だったら恐ろしいことになりそうです。誤判の原因のうち48・8%は目撃証言の誤りというデータがありますが（Rattner, 1988）、人の記憶や目撃証言があてになる場合が限られている（厳島ほか、2003; 渡部保夫ほか、2001などを参照）という心理学的事実のほかに、もしかすると判断のバイアスの問題も潜んでいるのかもしれません。

3　ヒューリスティックスによる判断

†代表性ヒューリスティックス――「っぽさ」で判断する

前節でみたように、私たちは合理的に考えて適切な確率よりも、目撃証言の正確さという目の前の確率に飛びついて判断することがあります。私たちは、それと同じようなことを人のプロフィールの判断でもしています。それが「代表性ヒューリスティックス」です。これは、相手の人を「それっぽさ」で判断することといえるでしょう。

カーネマンとトヴァースキーは、次のような実験を報告しています（Kahneman & Tversky, 1973)。まず、アメリカの大学院生に対して、アメリカ全体の大学院生のうち、次の九つの研究分野を専攻する大学院生の割合を回答してもらいました。九つの分野とは、ビジネス、コンピュータ科学、工学、人文・教育学、法律、図書館学、医学、物理・生命科学、社会科学・ソーシャルワークです。それぞれ、15%、7%、9%、20%、9%、3%、8%、12%、17%という回答でした。これが、大学院生の専攻分野の基準率になります。

それとは別の大学院生に対して、次のプロフィールに出てくるトム・Wさんがどの分野の専攻であるか、推測して回答してもらいました。

トムは、真に創造的とは言えませんが、知能は高いです。彼は、よくまとまっていて曖昧なところがなく、細かなところまできちんと整理できる仕組みを使って自分の物や考えをいつも整理しておきたいと思っています。彼の文章はかなりつまらなく無機質な感じがしますが、ときどきダジャレやSF的な想像力がきらめき、生き生きしていることもあります。彼は優秀でいたいと強く思っています。彼は人に対してほとんど感情も共感も抱かないようで、人と交流しても楽しくないようです。彼は人としての善悪の区別をよくわきまえていますが、自己中心的です。

この文章を示された実験参加者は、「次の九つの大学院の専攻の分野における典型的な大学院生と、トムはどの程度類似していますか」と質問され、トムが専攻していそうな順に、九つの分野に順位をつけるように求められました。

その結果、順位の平均をとると「最も似ている」とされたのがコンピュータ科学で平均順位は2・5位。次が工学で2・6位でした。似ていないほうは、人文・教育学で7・6位、社会科学・ソーシャルワークは8・0位でした。

この順位づけと基準率がどのくらい似ているかの相関係数を算出したところ、マイナス0・65でした。なお、相関係数とは、二つの変数が関係している度合いを表す統計的な指標です。片方の変数が大きくなればなるほどもう片方の変数が小さくなる場合に相関係数の符号はマイナスになります。そして、相関係数の数値の部分は、絶対値でいうと0から1の間の値をとります。数値の絶対値が大きいほど、つまり数字が1に近いほど二つの変数の関係は強くなります。この数字がどのくらい大きければ関係が強いと言えるかは何についてのデータから相関係数を計算したかによってまったく異なりますが、心理学の質問紙の回答について相関係数をとった場合、0・4もあれば大きいほうです。0・65というのはかなり大きい値と考えられます。したがって、マイナス0・65はかなり強い逆方向の関係があることを示します。

つまり基準率の分布と順位は明らかに逆の傾向を示していたのです。回答者の大学院生たちは、コンピュータ科学の大学院生が少なく、ビジネスや人文・教育学、社会科学・ソーシャルワークの大学院生が多いであろうことは知っていたと考えられます。それにもかかわらず、それがほとんど無視される結果になったのです。

これは、大学院生の専攻分野の基準率はほとんど考慮されず、トム・Wがどのくらい各専攻分野の人「っぽい」かで判断されていることを示しています。この「っぽさ」が、ここで言う「代表性」です。そのカテゴリーの典型的な特徴をどのくらい備えているか、ということです。

この「代表性」は統計学からきた用語です。統計学では、調べたい母集団が大きすぎる場合、そこから少数のサンプルを取ってきて調べます。世論調査はそのような調査ですね。そして、サンプルが母集団の特徴をよく備えていれば、「代表性が高い」と言います。代表性が高いと、サンプルで調べたことが母集団にもよく当てはまるので、意味のある調査ができたと考えます。

大学生くらいの年の若者の間で、「あいつ、××っぽくない?」「ああ、ぽいぽい、ぽいわー」などの話で盛り上がっているのをしばしば見かけます。「っぽい」かどうかは、話して面白い話題であるというだけでなく、私たちの基本的な直感的判断方式になっているようです。

代表性ヒューリスティックスはとても強力で、確率論的には明らかに確率が小さくなることでも、確率が大きくなるという判断を引き出してしまいます。それについて見ていきましょう。

†リンダ問題——確率的には真逆なのに……

それを確かめるためにトヴァースキーとカーネマンの出した問題に「ビル問題」と「リンダ問題」という問題があります（Tversky & Kahneman, 1983）。「ビル問題」のビルさんは次のような人です。

ビルは34歳です。彼は知性がありますが、想像力に乏しく、強迫的で、概して生気がありません。学校では数学が得意でしたが、社会や人文学は苦手でした。

ビルさんは、頭が良くてきちっとしていて数字に強いが、音楽等の芸術に関するような活動をする人にはあまりいなさそうなタイプ……という感じがしますね。

そのうえで、次の各文を、可能性が高い順に並べかえるよう回答者に求めました（なお、わかりやすくするために番号を振ったうえで一部抜粋しています)。

(1)ビルは、趣味でポーカーをする医師です。
(2)ビルは建築家です。
(3)ビルは会計士です。
(4)ビルは趣味でジャズを演奏します。
(5)ビルは趣味でサーフィンをします。
(6)ビルは記者です。
(7)ビルは、趣味でジャズを演奏する会計士です。
(8)ビルは趣味で山に登ります。

それぞれの文を見ると、多くは一つのことしか言っていませんが、(1)と(7)は二つのことを言っています。このうち(7)は、(3)と(4)を合わせた二つのことを言っています。この研究の関心は、(3)と(4)と(7)のうち、どの項目を回答者が上の順位にするかというもので、それ以外の項目はフィラー項目、つまり実験者の本当の意図を隠すための目くらましの項目でした。(3)、(4)、(7)のうちでは、特に(4)と(7)のどちらの順位が高いかが最大の関心だったのです。

というのは、確率論的にいうと、二つの事象が同時に成り立つ確率は、それぞれの事象が単独で成り立つ確率よりも低くなるからです。ビルが会計士である確率、ジャズを演奏する確率があったとして、ビルがその両方に当てはまる確率は両者を掛け合わせたものになります。そして、確率は通常1より小さいですから、掛け合わせると、もとの確率よりも小さいものになります。

実験の結果はどうだったかというと、(7)の平均順位は2・5位、(4)の平均順位は4・5位で、客観的な確率とはまったく逆でした。「会計士」という、頭が良くてカタそうなイメージのある職業が入っている(7)のほうが「っぽい」ので確率が高そうだと判断されたのです。

ビルは男性名でしたが、女性名について同様の実験が行われた「リンダ問題」のリンダさんは次のような人です。

リンダは31歳で独身、率直でとても明るい性格です。リンダは学生として哲学を専攻し、差別と社会正義の問題に深く関心を持ち、反核デモに参加しました。

リンダさんについて、次の各文を可能性が高い順に並べかえてください。

(1)リンダは小学校の先生です。

(2)リンダは本屋で働いており、ヨガのクラスを受講しています。
(3)リンダはフェミニスト運動に積極的です。
(4)リンダは精神科のソーシャルワーカーです。
(5)リンダは、女性投票者連盟のメンバーです。
(6)リンダは銀行の出納係です。
(7)リンダは保険販売員です。
(8)リンダは銀行の出納係であり、フェミニスト運動に積極的です。

リンダ問題では、(3)と(6)の内容を合わせた文が(8)になっています。イメージに合わなそうな(6)と、(6)よりも客観的には成り立つ可能性が低い(8)のどちらが上の順位になるかが分析されました。その結果、回答者は(8)を3・3位、(6)を4・4位にしています。

回答者は、ビル問題、リンダ問題とも、客観的な確率とは逆に順位づけして回答したことになります。

†連言錯誤はなぜ起こる?

このように、二つの事象を合わせたものの確率のほうを、単独の事象よりもありえそうだと考える誤りを、連言錯誤(または合接の誤謬《ごびゅう》)と言います。二つ以上のことを合わせた事象が一つだけの事象よりも成り立つ確率が低いというのは、確率の理解において非常に基本的なことです。それにもかかわらず、このような連言錯誤はなぜ生じるのでしょうか。

それを見るために、先ほどの実験に先立って、トヴァースキーとカーネマンはビル問題とリンダ問題の(1)から(8)の各文がどのくらい「そういった類の人（member of the class）」に近いかで、順位づけをしてもらいました。つまり、「っぽさ」で順位をつけてもらったのです。

その結果、ビル問題では順位が高い順に(3)＞(7)＞(4)、リンダ問題では順位が高い順に(3)＞(8)＞(6)で、いずれも予想通りでした。

以上の結果を見比べると、連言錯誤の原因が見えてきます。人間は、成り立ちそうかどうかについて判断するときに、客観的な確率を考慮せず、「それっぽさ」で判断しているということです。

たとえばビル問題では、ビルさんのプロフィールからは堅い感じの人物が思い浮かびます。「会計士」という職業はその堅いイメージに合致するために、「会計士」の入った文(7)のほうが、(4)よりも「ありそうだ」と判断されるのです。

同じようにリンダ問題では、リンダさんの人物像からは差別や社会正義に関心があり、デモにも参加する熱心な活動家……というイメージが湧いてきます。このイメージと合致するのは、(1)から(8)の文のなかでは「フェミニスト」という言葉です。差別と社会正義の問題に深く関心を持ち、反核デモに参加するリンダのイメージは、女性差別に反対する活動を行うフェミニストのイメージと重なります。

このように、確率よりも「それっぽさ」で判断する「代表性ヒューリスティックス」はとても強力です。しかも、トヴァースキーたちが実験したところ、たとえ統計についての知識を身につけても連言錯誤はなくならないという結果が得られました。

この実験では、ビル問題とリンダ問題を三つの違ったグループに対して出題し、回答を集めました。

一つ目は「素人」グループで、ブリティッシュ・コロンビア大学の学部生で統計学の授業をとったことがない人たち。二つ目が「情報が与えられている」グループで、統計学の授業を一つ以上とり、基本的な確率の概念について学んだ、心理学の大学院一年生とスタンフォード大学のメディカルスクール（医学部）の学生たち（アメリカでは、メディカルスクールは大学院相当なので大学院生と同じ扱いになっています）。三つ目が「洗練された」グループで、確率・統計・意思決定の複数の授業をとったスタンフォード・ビジネススクール（これも大学院です）の意思決定科学プログラムの博士課程の学生たちです。「洗練された」グループは、統計と意思決定について相当に専門的な勉強を積んでいる人たちです。それにもかかわらず、三つのグループの回答に統計的に有意な違いはありませんでした。この結果は、代表性ヒューリスティックスがいかに強力であるかを示しています。私たちはいったん下した判断について、冷静に振り返ってみる必要があるのかもしれません。

†ギャンブラーの誤謬——ずっと表なら次は「裏」？

基準率の無視、代表性ヒューリスティックスと、私たちにとって確率判断を直感的にすることは難しいことを見てきました。基準率やサンプリングは少し難しい感じがしますが、もっと単純な確率事象でも私たちは簡単にバイアスに陥ってしまいます。それが「ギャンブラーの誤謬」（gambler's fallacy）です（Tversky & Kahneman, 1971）。

たとえば、コインを投げると裏と表が出る確率は半分ずつ、サイコロをふれば1から6のそれぞれの目が出る確率は6分の1ずつなど、私たちは身の回りの確率的な出来事については改めて勉強しなくても、なんとなく直感的に理解しています。

そして、私たちは直感的理解が、自分の周囲で起こることに常に当てはまると考えています。6回コインを投げたら、表と裏はだいたい3回ずつ出るだろうと思います。サイコロを6回投げたら、それぞれの目はだいたい1回ずつ出るだろうと思います。

しかし、そうでないこともしばしばあります。確率的に正しいコイン、確率的に正しいサイコロは、完全にランダムに表・裏やそれぞれの目が出ます。したがって、たまたまコインの表がかたまって6回出たり、サイコロの1の目が6回連続で出ることもありえます。直感と、実際の偶然の事象のあいだにはこのようなズレが生じることがあります。

このズレが、ギャンブラーの誤謬を引き起こします。「完全にランダムなコインをトスして連続して6回も表が出ることがあるの？」と以上の記述に納得できなかった方は、もしかするとギャンブラーの誤謬に囚われているのかもしれません。

コイントスで賭けをして遊んでいたとしましょう。コインにはまったくいかさまはありません。あなたは表に賭けましたが結果は裏でした。今度こそ、とまた表に賭けましたが、出た結果は裏。これだけ裏が続けて出たなら今度こそ表だと思って表に賭けたらまた裏が出ました。このように、3回連続で裏が出たときに、次に表が出る確率はどのくらいでしょうか？

3回連続で裏が出る確率は$\frac{1}{2}\times\frac{1}{2}\times\frac{1}{2}$で8分の1です。次も裏だったら16分の1になります。そんな珍しいことが起こることはないだろうから、次は表に賭けましょう。

残念ながらその考え方は間違いです。コイントスのすべての試行は独立なので表が出る確率は毎回2分の1で、それまでに何が出たかは関係ありません。したがって、コインが完全に公平ならば、どちらに賭けるかを決める際にそれまでの結果を考慮に入れる必要はありません。

確かに、コイントスを何千回、何万回も繰り返すと、表と裏のそれぞれが出た回数は2分の1に近づいていきます。これを、統計学用語で「大数の法則」と言います。

大数の法則はデータの数が少ない場合には必ずしも当てはまりません。この場合のデータの数は、コインをトスした回数になります。たとえばコインを4回投げたら、たまたま、4回が全部裏になることもありえます。

†「小数の法則」

人間は小さな数のデータでも「大数の法則」が常に当てはまると考えがちです。そして、これがギャンブラーの誤謬の核心だ、とトヴァースキーとカーネマンは言います（Tversky & Kahneman, 1971）。このことを、彼らは「大数の法則」をもじって「小数の法則」と名づけました。

「小数の法則」を信じていると、賭けをするときにうまく判断できないだけではありません。少数の観察例から知ったことを、非常に広く一般的に起こることだと考えがちになります。

たとえば、人間、生きているとさまざまな経験をし、その経験をもとに人の行動や人間関係についての自分なりの法則を頭のなかで作っていきます（これを社会心理学では「素人理論」と言います）。しかし、その観察例の数は、人間関係の一般法則を理解したと言うには少なすぎることもよくあります。親戚や職場の数名の人の行動から、人間行動の法則を理解したと思うことがあれば、それは「小数の法則」に囚われているのかもしれません。

自分が観察した人たちが「典型的な」人たちかどうかもわかりません。世間一般から見れば、自分や身の回りの人は特殊な人なのかもしれません。特殊な人を観察した場合に得られるのは、特殊な人についての知識であって、一般化はできません。

しかし、トヴァースキーとカーネマンは、私たちには自分の観察した事例は典型例だと考える傾向がある、と言います。以上を合わせると、自分の見た例は典型的だと思い、そのうえ、少ない数のサンプルから一般法則を引き出そうとする……このようなバイアスを人は持っているのです。

このバイアスは、それについての知識があってもなくなりません。そのため、科学研究では、科学者自身が「小数の法則」に囚われないように、確率計算の結果を論文で報告することが常に求められるのです。

「小数の法則」は人間の認識を強力にゆがめるバイアスです。トヴァースキーとカーネマンは、それをドラマチックに、小数の法則を信じることは罪（sin）である、と表現しています。この「罪」は犯罪という意味ではなく、道徳的・宗教的な意味での罪です。

実際には、「小数の法則」を信じていても宗教裁判にかけられることはないでしょうが、間違った推論に基づく人間観を語ったり広めたり、確信を強めたりすることはあるかもしれません。仮にそれがネガティブなものであれば、私たちは自分たちの住む世界を、必要以上に生きづらくしているのかもしれませんね。

†「ホットハンド」の錯覚

ギャンブラーの誤謬は、いわば「表が出たら次は裏」と考える誤りでしたが、まったく反対に、「連続してうまくいったら次もうまくいく」と考える誤りが、「ホットハンドの錯覚」（Gilovich et al, 1985）です。現象としてはギャンブラーの誤謬と反対ですが、事象のランダムネスについての認識の間違いという点では共通しています。

「ホットハンド」とは、アメリカのバスケットボール用語で、何本か連続してシュートを決めた状態の選手が、次にシュートすると決まりやすいと感じられることです。シュートが決まった直後は手が「温まっている」という意味で、「ホットハンド」と言われます。また、連続してシュートが決まるという状態を指して「連続シュート」と呼ばれます。

「ホットハンド」と「連続シュート」は同じ状況を話題にしていますが、そのときの選手の手に何かあると考えるのが「ホットハンド」、シュートが次々と決まっている状況に着目するのが「連続シュート」と言えます。

これに関して、ギロヴィッチたちは、(1)「ホットハンド」の信念は本当にあるのか、(2)バスケットボールの試合において、シュートが決まった直後の数回は、そうでないときよりもシュートが決まる率が高いのか、(3)フリースローの際にはどうか、(4)何度もシュートをさせた場合に、シュートが決まった後には普通よりもシュートが決まりやすいのか、を調べる研究を行いました。

研究の(1)では、コーネル大学とスタンフォード大学から100人のバスケットボール・ファンを選んで回答を募ったところ、91%が「ホットハンド」を、96%が「連続シュート」を信じていました。

研究の(2)では、フィラデルフィア・セブンティシクサーズの選手の試合データから、9人の選手について、「1本、2本、3本のシュートを外した後にシュートが決まる条件つき確率」「全試合中にシュートが決まる確率」「1本、2本、3本のシュートを決めた後にシュートが決まる条件つき確率」を求めました。そして、各選手についてシュートを決めた前後で確率が有意に変わるかどうかを確かめたところ、8人の選手については変わらず、

1人の選手についてはシュートを決めた後にはシュートを決める確率が有意に下がっていました。

そして、研究の(3)では、ボストン・セルティックスの試合のフリースローのデータを分析したところ、フリースローが決まった後にもう一度フリースローをした場合と、フリースローが決まらなかった後にフリースローを行った場合の確率の差をみたところ、統計的に有意な差はありませんでした。

さらに、研究(4)では実験を行いました。コーネル大学のバスケットボール代表選手男性14名と女性12名にフリースローをしてもらい、フリースローが決まった後にさらにフリースローをしたときに決まる確率が変わるかを調べました。26名中、25人の選手は、統計的に有意な変化はありませんでした。

以上の研究結果からすると、「ホットハンド」があると考えている人は結構いるが、実際に選手がシュートをする際には「ホットハンド」はほぼないと言えそうです。

そうすると、「ホットハンド」があるように見えるのはなぜでしょうか。

完全に偶然にシュートが決まったとしても、連続してシュートが決まったり、連続してシュートが外れたりする状況が出てきます。ギロヴィッチたちの研究によると、プロ選手や大学代表の選手といった非常に優れた選手でも、試合中に放ったシュートが決まる確率は47%から52%くらいで、ほぼ半々です。

シュートを観察している私たちは、「小数の法則」に囚われているのが普通です。そうすると、数回程度の短いシュートの繰り返しの間にも、代表的な結果が現れると信じています（Gilovich et al., 1985, p. 295）。したがって、半々の確率でシュートが入るならば、選手がシュートを試みるたびに、おおよそ交互に決まったり決まらなかったりするはずだ、と思います。すると、ある選手が連続してシュートを決めると、「小数の法則」に反するので、何かおかしいと感じて落ち着かなくなります。そして、「そこには何か原因があるはずだ」と考え、その原因を探し始めます。心理学的にいうと、「原因帰属の過程」が発動するのです。そして、「選手のコンディション」などの概念を考え出し、それに原因を帰属することで説明しようとするのです（マンクテロウ、2015, p. 10）。そうして考え出されたものの一つが、「ホットハンド」だと言えるでしょう。

†シミュレーション・ヒューリスティックス――「もし、こうでさえなかったら」

この章で見てきたカーネマンとトヴァースキーの研究は、私たちは自分の心のなかにある見方を、客観的な確率よりも優先させるという話です。それだけ、心のなかにある信念や概念は物の見方に大きな影響を与えます。

私たちの心のなかにある見方は、目の前で自分に起こったことの解釈にも大きな影響を与えるバイアスとなります。それが、「シミュレーション・ヒューリスティックス」です。

あなたが駅で電車に乗ろうと思ったとします。ダッシュで階段を駆け上がり、ホームに停まっていた電車のドアのそばまで行ったところ、目の前でドアが閉まって電車が動き始めてしまいました。結構悔しく、バツの悪い思いをするシチュエーションですね（現実には駆け込み乗車はしないでくださいね）。

しかし、電車が発車したのがあなたが改札を通った1分ほど前のことで、電車の姿はもうホームになかったらどうでしょうか。「あ、さっき出たばかりか」と思って残念に思うかもしれませんが、都会であればしばらく待てば次の電車が来ます。最初のシチュエーションほどは悔しいとは思わないでしょう。

結局乗れなかったことには変わらないのに、なぜ最初の場合のほうがより悔しく感じるのでしょうか？　それは、最初の場合のほうが、「もし電車に乗れていたら」という現実に反した状況を簡単に想像できる（反実仮想）からです。

頭のなかで状況をシミュレーションした場合に認知や感情に影響が生じることを、「シミュレーション・ヒューリスティックス」と言います（Kahneman & Tversky, 1982）。

このシミュレーション・ヒューリスティックスは「利用可能性ヒューリスティックス」

と深い関連があります。

利用可能性ヒューリスティックスとは、私たちの心内では、(1)すぐに出てくる記憶や(2)すぐに作り出せるものをよく使って、さまざまな物事を認識したり判断したりしているというヒューリスティックスです。

(1)の記憶の話で言うと、たとえば、よく使う知識はすぐに出てくるので目の前のことを何でもそれに当てはめて判断したり理解したりするということです。

それに対してシミュレーション・ヒューリスティックスは、利用可能性ヒューリスティックスのうち、(2)私たちが心のなかで構成しやすいもの、特に事実としてはそうはならなかったけれども、そうなった場合の筋書きが簡単に想像できる場合のことです。その「筋書き」を、カーネマンとトヴァースキーはシナリオあるいはストーリーと呼んでいます。

先ほどの例も、本当は電車には乗れなかったのですが、電車に乗れたという事実に反するシナリオを心内で簡単に構成できる程度に応じて、「悔しい」という感情の強さが変わってきます。

このような感情には他に、フラストレーション、後悔、憤り、悲しみ、羨望などが含まれます。こういった一連の感情をカーネマンとトヴァースキーは「反実感情」と呼んでいます。

感情以外の心の働きに関しては、(a)因果関係の判断、(b)将来予測、(c)具体的な出来事が起こる確率の予測、(d)条件つき確率、(e)事実に反したことが起きていた場合の結末の予想、といった要素がシミュレーションの影響を受けます。

(a)の因果関係の判断とは、たとえば、事故が起きたときに、誰のどの行為で事故が起きたと判断するかです。

この考え方は心理学的には原因帰属と言え、私たちの日常的な思考でも起こっていますし、裁判などの法的な場面でも行われています。たとえば、刑法の考え方では因果関係があるかどうか考えるときに「あれなくばこれなし」の関係（conditio sine qua non：条件関係）があるかどうかをまず考えます。これは、原因となりそうな行為など（あれ）がなかったならば、結果（これ）は生じなかったといえるかどうかを考える、という意味です。

刑法が問題になるのは重大な結果（被害者が殺されるなど）が生じてしまった後ですから、「あれなくばこれなし」と考えること自体が、カーネマンとトヴァースキーのいう「反実仮想」と言えます。

(b)の将来予測は、たとえば初めて会った人に関して「この人は将来有名になるか？」などの判断をすることです。

(c)はたとえば、「中東の油田の権益を守るために、今後10年で米軍が介入する確率はどのくらいだろうか？」と考えることです。特定の事件や出来事を、現在存在する状況から予測します。

(d)はたとえば、「(c)のときに、サウジアラビアで内戦が起きたらどのような結果になるだろうか？」といった、将来予測に特定の条件が加わったときの結果を予測することです。

(e)はたとえば、現実とは逆の状況を考えて、その場合のことを想像する思考です。たとえば、「第二次世界大戦のときに、ナチスドイツのほうが早く原爆を実用化していたらどうなっただろうか？」といったことを考えることです。

カーネマンとトヴァースキーは、(e)の反実仮想の研究からシミュレーション・ヒューリスティックスの研究を深めていきました。

†反実仮想と反実感情

彼らは次のような実験をしています（Kahneman & Tversky, 1982）。「銀行に管理職として勤める妻子あるビジネスマンが、車を運転していつもの通勤ルートと違う道で帰ろうとしていた。しかし、交差点で信号無視をしたトラックがぶつかってきて亡くなった。そのトラックは、違法薬物を使った10代の少年が運転していた」というシナリオを62人の実験参加者に提示しました。そして、このビジネスマンの家族や友人になったつもりで「もし、この事故に関してこれさえなかったなら」という考えを書いてもらいました。

すると、33人が「もし違う道を通っていたら」と回答し、14人が「もし交差点を早く通過していたら」と回答し、13人が「もしその少年がちゃんと運転していたら」という反実仮想の回答をしました。

一方、一部を変更したシナリオを別の61人の実験参加者に示しました。このシナリオでは、ビジネスマンは「いつもの通勤ルートと同じ道」で帰りましたが、「病気の妻の求めで、家事をするためにいつもより早く職場を出て家に向かった」と内容が変えてありました。その場合には、16人が「もしいつもの時間に出ていれば」、19人が「交差点を早く通過していれば」、18人が「少年がちゃんと運転していれば」という回答をしました。

これからわかることは、シミュレーション・ヒューリスティックスが働くときには、話のなかの状況でいつもと違うものに焦点が当たるということです。そして、「いつもと違うことさえなければ」事故が起こらなかったのに、と私たちは考えます。

このようにストーリーのなかの要素を取り除いてストーリーを変える思考を、カーネマンとトヴァースキーはクロスカントリースキーにたとえて「ダウンヒル変化」と呼んでいます。

それに対して、「もしこういうことがあれば」事故が起こらなかったのに、というかたちで実際にはなかったことを付け加えてストーリーを変化させる反実思考を「アップヒル変化」と呼んでいます。

クロスカントリースキーでは、ダウンヒル（下り坂）とアップヒル（上り坂）は一つの丘や谷を越えていくときにセットになっているものです。そして、ダウンヒルは楽でアップヒルはしんどいものです。

それと同じように、人間が反実仮想をするときには「それさえなければ」と考えてストーリーのなかの要素を取り除く方向で思考をするほうが楽で、そのように考えるバイアスがあります。

また、先ほどとは逆に、「トラックを運転していた少年の親族になったつもりで考えてください」という指示があった場合、「少年がその交差点に差し掛からなければ」というかたちの反実仮想をする人が増えました（28％から68％）。

このように、すでに起こった出来事を誰に近い立場で眺めるのかによっても、出来事のどの点に着目して反実仮想をするかが変わってきます。

私たちは「あれさえなければ」と考えることがよくあります。そういった思考をしているとき、状況を別の関係者の視点から見ることや出来事の別の要素に焦点を当てることはなかなか難しくなります。しかしそれはいろいろありうる視点の一つに過ぎません。

また、反実仮想は頭のなかのシミュレーションですが、それが反実感情を作りだすもとになっています。もし「あれさえなければ」と考えて憤りや悲しみを感じるのなら、シミュレーション自体を手放す勇気が必要かもしれません。

第3章

現実認知のバイアス

1　情報選択のバイアス

第2章で、二人のバイアス研究の巨人の業績を紹介しました。さまざまな例を見たことで、バイアスとはどのようなものか、イメージがかなりつかめたかと思います。そして、ノーベル賞まで受賞したバイアス研究の巨人たちがどのように考え、何を明らかにしようとしてきたのかも感じ取れたのではないでしょうか。

バイアスとは何かについて、ある程度イメージがつかめたところで、ほかのバイアスも見ていきましょう。第3章ではバイアスのなかでも中心的なテーマを扱います。私たちが自分の周囲の現実を理解する際のバイアスです。

†現実を認識する枠組み

目を開き、耳をそばだてれば、現実はありのままに見える。普通、そのように感じがちですが、実際にはそうでもありません。

第1章で、私たちが周りのものを見て認識するときには見え方を調整することを紹介しました。私たちの見え方は、かつて人間が暮らしていた自然のなかで、生き残りに必要なかたちで周囲の状況を認識できるよう選択・加工されたものです。

また、第2章では、基準率の無視について紹介しました。基準率は確率判断に必要な情報ですが、私たちは必要な情報が与えられていても、それを無視して判断することがあるのです。

そして、自分の周囲の現実を認識するときにも、私たちは、頭のなかにある知識、期待、思い込みなどをフィルターとして、目の前の世界からくる情報をふるいにかけたうえで世界を認識しています。これは少し困ったことのようにも思えますが、逆に、認識のための枠組みや知識がまったくなかったとすれば、私たちは現実を認識することもできないでしょう。このような知識は、心理学では「スキーマ」と呼ばれています（無藤ほか、2018）。私たちは自分にとってなじみのある世界や状況だと、スキーマを使ってうまく、かつすばやく状況を認識できます。しかし、初めての状況や場所では、スキーマがないために状況を理解するのに時間がかかったり、時間をかけてもうまく飲み込めないことがあります（スキーマについては第4章で詳しく説明します）。

このように、私たちが自分なりに現実を認識するための知識、そしてそれを現実に当てはめていく方法は、周囲を認識するために必要なものですが、バイアスとして働くことがあります。そういったバイアスの一つとして、確証バイアスから見ていきましょう。

†確証バイアス――「私の正しさは証明された」

確証バイアスは、仮説が本当かどうか検討する際のバイアスです。仮説というと、まず思い浮かぶのは科学研究でしょう。研究するには仮説を立て、観察し、仮説が現実と合っているかを検証します。仮説と観察結果が合わなければ、仮説を作り直してまたやり直しです。ビジネスでもこれを応用して、事業上の課題の解決策について仮説を立て、施策を行い、結果を観察し、仮説を修正する、ということが行われます。

しかし、研究やビジネスなどの意識的な取り組みでなくとも、私たちは通常身の回りのことについて予測しながら認識しています。

たとえば物語を読んでその内容を理解するときには、次にどういう話がくるのかを予測しています。予測に基づいて文字や単語を認識するだけでなく、話のなかに出てくる人物の行為の意味を理解したり、筋を追ったりしています（Read, 1987）。

このように、予測することは私たちにとって不可欠と言えますが、予測に強く縛られすぎると、自分が予測したことを相手が言ったと思い込むなど、間違った認知の原因になることがあります。

「確証バイアス」における仮説というのは、科学研究の仮説のような難しいものだけでなく、私たちが普通に持っている予想や期待と言いかえることもできます。こういった予想や期待は、持っていることを自覚していなくても、大きな影響があります。

というのも、私たちは、自分が知らず知らずのうちに持っている思い込みをもとに、それに合う事実を無意識に選択して認知するからです。そして、無意識に選択した事実を頭のなかに取り込んだうえで、「ああやっぱり自分の思っている仮説は正しいんだな」と自分の信念を強化します。

たとえば、あなたが「日本では離婚が多い」と思っているとします。それは自覚的に思っていてもいいですし、特にそのようなことを意識的に考えていなくとも、毎日そういった内容のニュースに多数接しているという場合でもかまいません。

そのような思い込み（仮説）があると、自分の周囲の情報、たとえばインターネット上の情報や新聞を見たときに、有名人のだれそれが離婚したという情報や、定年まで頑張ってきた元企業戦士が定年後に熟年離婚の憂き目にあったというストーリーなどが目につくようになります。ネットニュースや新聞などの情報源のなかから、自分の仮説を肯定するような情報を無意識に選択するのです。それによって自分の仮説は正しいと感じます。

†確証バイアスの実験例

社会心理学の実験に次のようなものがあります（M. Snyder & Cantor, 1979）。この研究では、80人の大学生に、ジェーンさんという架空の人物がどんな人かについて、いろいろなエピソードを含んだ説明文を4ページ半ほど読んでもらいました。この説明文には、ジェーンさんが外向的と考えられる事実と、内向的と考えられる事実が同じくらい含まれていました。

そして2日後、参加者は表3－1のような各条件にランダムに割り振られました。それぞれの条件は、すでにその職に就いているか、これからその職に就こうとしているかの二つに分けられています。そして、「外向仮説条件」の人たちはジェーンさんが不動産営業に向いていると思うかそれとも向いていないと思うかを、「内向仮説条件」の人たちはジェーンさんが図書館の司書に向いているかどうかを、説明文中の事実を引用しながら紙に書きました。つまり参加者は、実験者から自分が検証するべき仮説を与えられ、その仮説を支持する事実と支持しない事実の両方を示すように求められました。

そして、それぞれの条件で仮説を支持する事実と支持しない事実の引用数の平均値がどれだけ異なるかが分析されました。

外向／内向	外向仮説条件（不動産営業）	内向仮説条件（図書館司書）
これからその職に就こうとしている	16人	16人
もうその職に就いている	16人	16人

※ほかに、仮説を検証しない条件が16人

表3－1　M. Snyder & Cantor（1979）の実験計画

するとジェーンさんがこれから不動産の営業になろうとしているという条件に割り当てられた人は、ジェーンさんが外向的であることを示す事実を、平均して５・８８個引用しました。それに対して、ジェーンさんがこれから図書館司書になろうとしているという条件に割り当てられた人は、ジェーンさんが内向的であることを示す事実を６・８４個引用したのです。他方で、自分の仮説に反する事実は３・３８～３・８１個しか引用していませんでした。

また、ジェーンさんがもうその職に就いている場合、仮説を支持する事実は４・２８～４・５９個引用され、仮説を支持しない事実は３・８８～３・９７個引用されていました。

このように、まったく同じ説明文を読んだのに、参加者は自分の仮説に合った事実を多くピックアップし、合わない事実を少なくピックアップしたのです。以上の傾向はジェーンさんがこれからその職に就こうとしているときに顕著でした。それは、参加者が自分の仮説を証明したいとより強く思ったからではないかと考えられます。

私たちは、自分が見聞きした膨大な情報のなかから何を取り入れるかを、無意識的な情報処理過程でふるいにかけています（Treisman, 1964）。自分の注意が向いている情報が、情報の選択フィルターを通過します。また、最近見たり聞いたり考えたりした情報で、自分の心内ですぐに思い出しやすい情報は判断に利用されやすくなります（プライミング効果）。

自分の仮説には注意が向きやすいでしょうし、また、自分の心のなかで思い出しやすい状態になっているでしょう。そうすると、自分の仮説に合った情報が目につくようになるのです。

†その事例は一般的か？

確証バイアスでは自分の仮説に合致する例を探します。自分の仮説に合う事例のことを「正事例」ということから、このバイアスを「正事例バイアス」「正事例検証方略」と呼ぶこともあります。

先ほどの、離婚が多いという話の例で言うと、自分の親戚で離婚した人がいる、といった事例を挙げることなどです。また、「少年の凶悪犯罪が多い」という仮説を持っているときに、少年による衝撃的な凶悪犯罪の報道が連日されることがあったとします。たった一事例であってもこのような例に接すると、「少年の凶悪犯罪は多い」という仮説が検証されたと思ってしまうのです。さらに、目立つ事象はよく起きていると感じるバイアスもあるので、ますますそのように感じられます。

このように、私たちは自分の持っている仮説に大きく影響されて認識を行います。場合によってはその影響を受けた法改正が行われることもあります。

ですから、今の日本で少年による凶悪犯罪はどのくらい起こっているのか知りたいと思ったら、必ず犯罪白書等の統計に当たる必要があります。もちろん、統計は完全ではないので読むのには注意が必要ですが、確証バイアスに陥るよりも、よく状況を理解できるでしょう。

本来、正事例があるから仮説が妥当だと言うためには、その事例がどれくらい一般的なものかを考える必要があります。仮にその正事例が非常に特殊な少数例ならば、仮説が成り立つのは非常に限られた場合かもしれません。普通、仮説が正しいと主張したい場合は、その仮説が広く成り立つということを言いたいはずです。仮説が成り立つ場合が極端に少なかったり、仮説が成り立つ確率が低い場合に、仮説が正しいと言ってしまうのは問題です。

†四枚カード問題

私たちが正事例バイアスに陥りがちであることを示す例として、「ウェイソンの四枚カード問題（ウェイソン選択課題）」という実験課題があります（Wason, 1966）。これは次のような問題です。

「A」「D」「4」「7」と、それぞれの面に1文字ずつ書いてあるカード4枚が、目の前に並んでいます（図3-1参照）。アルファベットの裏には必ず数字が、数字の裏には必ずアルファベットが書いてあります。それを前提としたうえで、「母音のカードの裏に必ず偶数が書いてある」というルールが正しいかどうかを判定するためにカードをめくるとします。めくるカードをなるべく少なくすませるには、どのカードをめくればよいでしょう。次に進む前に、少し考えてみてください。

もっともよくある答えは、「Aと4」という答えや「Aだけ」という答えです（Johnson-Laird & Wason, 1970）。Aをめくった裏に偶数が書いてあればそれで十分。あるいは、それに加えて4をめくってみて裏に母音が書いてあれば、やっぱりそれで十分と安心してしまうのです。

正事例を見つけて安心してしまうことを避けるには、自分の仮説を否定する事例（これを「負事例」といいます）を挙げて、それがどれくらい成り立ちそうかを検証することが望ましいと言えます。しかし、先に見たように、そもそも人は自分の仮説が正しいことを前提に自分の周りの情報を処理しています。そのため、負事例にまでなかなか注意がいきません。自分の思い込みは正しいと固執しているわけではなくとも、正事例が見つかって安心し、「やっぱり自分の考えは正しい」と確認するのです。

　負事例まで考慮すると、ウェイソンの四枚カード問題の正解は、「A」と「7」の2枚をめくる、であることがわかります。「母音の裏には必ず偶数が書いてある」という命題の対偶は、「偶数でない数（＝奇数）の裏には母音は書かれていない」です。Aの裏に偶数が書いてあれば命題が確かめられ、7の裏に母音でないアルファベット（子音）が書いてあることを確かめれば対偶が確かめられます。命題とその対偶の真偽は一致しますから、2枚めくってみてAの裏が偶数で7の裏が子音というふうに両方成り立っていればOK、どちらかでも成り立たなければダメ、というかたちで命題の真偽が確かめられます。しかし、対偶は元の命題の裏や逆を考える必要があり、そのため負事例を考えなければならないので、なかなか思い至りません。

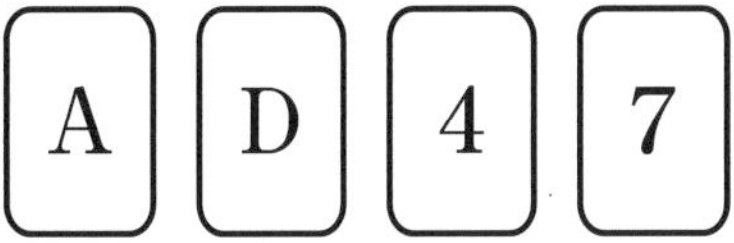

図3－1　四枚カード問題

科学研究の分野では、自分の仮説に対する負事例を挙げ、負事例の成り立つ確率を計算して自分の仮説の正しさを検証する方法が一般に採用されています。人間が推論上、犯しやすい誤りを防ぐ方法が、科学研究では慣習として使われているのです。

具体的には、自分の仮説（研究仮説）をまず立てます。そして、それを否定するような仮説（帰無仮説）を立てます。その後、データを集めて、否定するほうの仮説が成り立つ確率を計算します。その確率がとても低ければ、「否定することはできない」として、自分の仮説を（とりあえず）正しいと考えます。これを、「統計的背理法」といいます（なお、数学が苦手な「文系」の人でもわかるように書かれた、心理学を専攻する大学生向けの名入門書として吉田［1998］を挙げておきます。同書の6章に統計的背理法［統計的検定］のことが書いてあります）。

統計的背理法は自然科学・社会科学を問わず、数値データを使った研究に広く利用されています。もちろん、統計的背理法には、「とても低い」というのは何パーセントのことか客観的に決まらない、とか、統計的背理法では自分の仮説が成り立つ確率は直接わからない、とか、いろいろツッコミどころもあります。そのため、近年では仮説が成り立つ確率を直接計算できる方法を使うべきだという考え方が広がってきています。

とはいえ、非常に強力な正事例バイアスに陥らずに、正しい知見を得るための工夫と考えると、意味のある慣習だと言えます。そうでなければ、私たちは自分の考えに合う事例が一つでもあると、自分の仮説は正しいと考えがちになるのです。

データをとって統計的背理法を正しく使えるようになるには、大学や大学院で何年かの修業が必要です。それだけの訓練を経ないといとも簡単に陥ってしまうくらい、確証バイアスというのは強力なのです。

2　知識という呪縛

†後知恵バイアス――「そんなこと、聞く前から知っていたよ」

確証バイアスは、自分がすでに持っている仮説や思い込みに関するバイアスでした。ところが、これまで聞いたことがなかったことを聞いたのに、聞く前から自分は正しく知っていた、と思ってしまうバイアスがあります。これを「後知恵バイアス」といいます。「そんなこと、聞く前から知っていたよ」あるいは、「最初からそうなると思っていたよ」と思ってしまうバイアスです。

本当は、後から知った情報や知識を前提にして過去の出来事について判断しているのです。しかし、「後から知ったことを過去の出来事の判断に使っている」こと自体を自覚していなかったり、無意識に否認したりすることが後知恵バイアスのポイントです（Hawkins & Hastie, 1990）。

後知恵バイアスについての実験に、参加者に歴史的な戦争の途中までの話を読んでもらうというものがあります（Fischhoff, 1975）。実験の参加者に、戦争の結果としてありうる四つの結末を示し、それぞれの結末が起こりえた確率は、戦争当時においてどのくらいだったと思うか、四つの合計が１００％になるように回答してもらいました。

その際に、「実際の歴史で起こった結末はこれです」と、実験者が四つの結末のうちの一つを取り上げて示してから参加者に回答してもらうと、参加者は「実際に起こった結末」として実験者が示した結末が起こる確率を高く評価しました。

また、鉄道の踏切事故の責任を、参加者に評定してもらった実験（Sunstein et al., 2002）があります。有毒な除草剤を積んだ列車が脱線して除草剤が川に流れ出し、野生生物が死ぬかもしれないというシナリオを、参加者にビデオと紙で提示しました。

参加者は次の二つの条件のどちらかに、ランダムに割り当てられました。「予測条件」に割り当てられた参加者は、この鉄道の運行を取りやめるべきか否かを判断しました。一方、「後知恵条件」に割り当てられた参加者は、実際に脱線事故が起きて有毒な除草剤が川に流れ出したと聞かされました。

そのうえで、それぞれの条件の参加者は、事故が起こる前の状態において、脱線事故が起こる確率はどのくらいだったと思うか、という質問に回答しました。

その結果、予測条件の参加者が回答した事故が起こる確率の平均は30%台であったのに対して、後知恵条件では50〜60%台でした。そして、その回答にどのくらい自信があるかという質問では、後知恵条件のほうが圧倒的に高いという結果が出ました。

さらに、同じ方法で行われた実験に本物の裁判官が参加した結果では、予測条件では鉄道事故が起こる確率を20%と予測し、後知恵条件では（事件前に戻って予測するならば）36%の確率、という回答が得られました。

裁判官は一般市民よりも確率を低く予測するとともに、予測条件と後知恵条件の差は一般市民より小さなものでした。これは、裁判官のほうが後知恵バイアスの影響が小さかったことを示しています。ただ、それでも後知恵バイアスの効果は見られました。

このように、私たちはある物事が「起きたことがある」ことを知っていると、その物事が発生する確率を高く判断する傾向があります。そしてその判断にはより強い自信を持ちます。後知恵バイアスは、裁判官のような判断のプロでも陥る傾向なのです。

事件・事故の報道や裁判は、すべて事件が起こった後に行われます。そして、多くの場合で当事者ではない私たちは、事件や事故が起こったあとで、誰に責任があるかを判断します。事故の責任の判断に際しては、事故の当時に、それが起こることを予測できたかどうか（予測可能性）が重要な要素になります。私たちが事後に事件や事故の予測可能性を評価するときは、当然、実際に事故が起こったことを知っています。したがって、後知恵バイアスの研究結果からすると、予測可能性を高めに評価します。つまり、事故を起こした側に対して、厳しい見方をすることになるのです。

後知恵バイアスと、後で紹介する「合意性バイアス」が合わさったものを「現実バイアス」と呼びます（開・長谷川、2009, p. 222）。現実をあたかも前から知っていたかのように錯覚し、当然他人も知っていると思いこむことで、必要以上に現実に囚われるからです。自分の知っていることが目の前の現実を認識する妨げになるという意味で、「知識の呪縛」といえます。

人間、経験を積んでいくと現実に関する知識が増えます。そうすると、新しいはずのことを聞いても「それは知っていたよ」「そんなこと、言われなくてもわかっていたよ」と感じることが増えるでしょう。しかしそれは本当に知っていたのではなく、単に後知恵バイアスからきた感覚に過ぎないのかもしれません。

心理学に関して言うと、新しい実験をして結果がわかったときに他の方に説明すると、

「そんなこと、わざわざ実験しなくてもわかっていたことだよ」という感想が出ることがあります。これも一種の後知恵バイアスです。心を柔軟に、新しいデータからは新しくどのような教訓が引き出されたのかをいつも新鮮な目で検討するようにしたいものです。

†バーナム効果——「やっぱり占いは当たる！」

後知恵バイアスは、新しく聞いたことをすでに知っているかのように錯覚するバイアスでした。これが、いちばん自分がよく知っているあなた自身のことについて起きるのがバーナム効果です。

雑誌の短い占い記事のような、万人向けの曖昧な運勢や性格の記述が自分に当てはまっているように感じることを、心理学では「バーナム効果」と呼んでいます（Meehl, 1956）。「あなたはこういう人です」と言われると、初めて言われたことでもなんとなくそんな気がしてくるものです。もしそういうことを言う記事があると、つい気になって見てしまいます。

その証拠に、雑誌の占いコーナーはいつでも人気があります。「今週の星占い」のコーナーには、「牡羊座……今週は仕事運が好調。職場の人に好感を与えるように行動すると吉。能力が認められてますます仕事が楽しくなるでしょう」などの記述が並びます。

「牡羊座」などの星座は自分が生まれたときの星の配置で、太陽が黄道一二宮のどの星座にいたかを表します。そして、星占いは出生時と現在の星の布置との関係で運勢を判断するものです。そういった占いを見て、「今週は運勢がいいぞ、ラッキー！」と喜んだり「今週は恋愛運が悪いのか……」とちょっと落ち込んだり。

こうして一喜一憂するのは楽しいものですが、すべての人を12に分類し、短い記述をしたものが、今週のあなたの運勢をどれくらい言い尽くしているでしょうか。

そう考えると、短い記述の12星座占いはおおざっぱで曖昧なものであり、どれくらい当たっているものなのか、疑問の余地が出てきます。

なお、本格的な占星術では太陽以外の多数の星やそれぞれの星が織りなす角度や星座を考慮して詳細に状況を読むので、ずっと複雑になります（単純か複雑かという問題と、当たっているかどうかは別の問題ですが）。

また、占いと似たような性格診断とされ、日本でよく知られているものに、いわゆる「血液型性格診断」や「血液型占い」があります。

「血液型性格診断」はＡＢＯ式血液型と気質に関連があるという主張（古川、1927）として始まりました。気質とは、性格のもととなるものと考えておいてください。

この主張は一度否定されたものの、１９７０年代以降マスコミに注目され、ＡＢＯ式血液型と性格に関連があるという内容でブームになりました。しかし、血液型性格診断にはさまざまな批判があり（上村・サトウ、2006）、ＡＢＯ式血液型と性格には統計的に有意な関連はないというデータが示されているほか（Cramer & Imaike, 2002）、血液型に関する偏見や差別を生む（山岡、2011）ので好ましくないという意見も表明されています（放送倫理・番組向上機構、2004）。他方で、血液型と気質には統計的な効果は小さいが統計的に有意な関係があるという最近のデータもあります（Tsuchimine et al., 2015）。このように、議論の趨勢としては否定的なデータが優勢なものの、血液型と性格に関係があるかどうかははっきりしていません。

なぜ当たらない性格診断を信じてしまうのか

したがって、問題は、私たちがなぜ当たらないものでも性格診断を信じるのか、というところにあります。それには、次のような理由が考えられます（C. R. Snyder et al., 1977）。

まず、性格診断で書かれている性格が一般的で曖昧であることが挙げられます。大学生に対して「あなたには、自分の強みに変えきれていない、使っていない強みがあります」「あなたは自分を批判しすぎる傾向があります」等の項目を示した研究があります（Forer, 1949）。その研究では、回答者は非常に一般的な性格についての記述を自分に「当てはまる」（1〜5のうち平均で4・3）と回答しました。

また、記述内容が社会的に望ましいものであれば、そうでない項目よりも、「当てはまっている」と感じられやすくなります（Mosher, 1965）。ちなみにこの「社会的に望ましい」は「他者から見てそうあることが望ましいとみられる」という意味の社会心理学用語です。「社会的望ましさバイアス」（Krumpal, 2013）といえば、調査票に回答するときに、自分の性格や収入などの質問について、他者からよく見えるように「盛って」回答することをいいます。

その「社会的望ましさバイアス」と同じように、たとえば「あなたの日常生活は、興味をそそられることであふれています」という項目のほうが「ほとんど毎日、なにか恐ろしいことが起こります」という項目よりも受け入れられやすいのです。詳しくは次節および第4章で説明しますが、基本的に自分はいいものだと考える傾向があり、悪いことは自分には起こらないと考えるバイアスがあります。このことを踏まえると、社会的に望ましい項目が自分に当てはまると感じられがちなのは、十分に考えられることなのです。

†ポジティブ幻想と楽観バイアス――「自分だけは大丈夫」

バーナム効果の最後のところで見たように、私たちは悪いことは自分に起こらない、と思って過ごしています。

しかし、最近、大災害が頻発しています。大地震、大雨、新しい感染症など、21世紀に入ってからだけでも枚挙にいとまがないほどです。私たちは常に災害への備えが必要な世界に生きていると言えます。

こうした事実を報道やインターネットで知りながらも、自分で実際に経験しないかぎりは、私たちは案外恐怖に怯えることなく、平然と日々を過ごしていたりするものです。それは、私たちが「自分には良いことは起き、悪いことは起きない」と考える、ポジティブ幻想を持っているからです。

たとえば、人は自分が学校を卒業した後にいい仕事についたり、家を買ったり、良い給料をもらったり、海外旅行に行ったりすることはありそうだと思っても、自分がアルコールに溺れたり、自殺を考えるようになったり、結婚後数年で離婚するだろうとはなかなか考えません（Weinstein, 1980）。

ポジティブ幻想は、人が自分や自分の環境や将来について、実際の状況よりもはるかに良いものであるとかたよって認知する傾向です。具体的には、(1)自分を実際よりも良いと考えること、(2)自分が周囲の状況をコントロールして良い結果が得られると思うこと、(3)将来について、非現実的なほど楽観的になることです（Taylor, 1989）。

ポジティブ幻想は「楽観バイアス」とも言われています。従来、心理学や経済学では、人間は状況を正確に認識するほうが適切に行動できるし、得られる報酬が大きくなると考えてきました。しかし、現実や将来を客観的な状態よりも良いものだと考える、楽観バイアスがあるほうが良い結果が出ることもあります（Sharot, 2011）。

もし、将来に対して悲観的に考えれば、苦労したり、コストがかかったり、リスクがある行動はとらなくなるでしょう。たとえば、就職して社会に出たばかりの若者が「将来給料は上がらない、定年後にはお金が足りなくなる」と確信していれば、現在の消費にお金を使いませんし、結婚もしないでしょう。また、ローンを組んで家や車を買うこともないでしょう。というのは、「将来の収入もきっと、今の生活を維持したうえでローンの支払いをするくらいの余裕はあるだろう（そして、そのくらいの支払いをしても定年後にもお金は残っているだろう）」という見通しがあって初めて、ローンを組むことが可能になるからです。

それが日本全体の規模で起きると、子どもが産まれる数が減り、家や車などの大型の商品が売れず、日本の経済成長が鈍ります。そうすると、企業は給与を支払ったり設備投資をしたりしなくなり、ますます社会全体のお金の流れが悪くなります。結局、最初に信じた通り、給料が上がらなくなります。最初に抱いた信念が最終的に実現したわけで、これは社会学者のマートンのいう「自己成就的預言」あるいは「預言の自己成就」(Merton, 1948) です。これに対して、楽観的に考える人はバリバリと長時間働くので (Puri & Robinson, 2007)、不安定で競争的な環境でも成功しやすくなります (Johnson & Fowler, 2011)。

しかし、現在のように世界中の経済活動が緊密につながっている世界ならともかく、人間がずっと生きてきた、自然のなかで血縁者との集団で移動しながら暮らす、という状況でも楽観バイアスは役に立つのでしょうか? 実はその場合でも、楽観的に考えるほうが、生物学的にも生存に有利で (Sharot, 2011)、より健康で長生きするのです。そして、進化生物学的に見ても、楽観バイアスは生き残ってきた集団に見られます (McKay & Dennett, 2009)。

さらに、楽観バイアスにはそれを支える脳の働きがあります (Sharot, 2011)。期待よりもポジティブな情報が入ってきたとき、人は前頭前皮質の働きが活発になってその情報を符号化 (感覚器などを通じて取り入れた情報を脳が貯蔵できる形に変換すること) して貯蔵します。そして、楽観的な人は、ネガティブなものがやってきたときには、その情報を符号化する脳の回路である右下前頭回の活性が落ち、その情報をあまり取り入れないように働きます。脳のそのような働きによって、未来に何が起こるかについての情報を更新するときに、ポジティブなものは使われ、ネガティブなものは使われないのです。

このように、同じような情報に接しても、人によって何を選択して見通しを組み立てるか、どう意味づけるかが違っています。

†正常性バイアス――「今は緊急事態ではない」

楽観バイアスがあると生き残りに有利になります。しかし、それが災害場面で発揮されると正常性バイアスになり、避難の遅れの原因にもなります。

「多くの自然災害の場合に、人々は目前に危難が迫ってくるまでは、一般にその危険を認めようとはしない傾向がある。このような傾向を災害科学者は、正常への偏向（normalcy bias）と呼ぶことがある」と社会心理学の立場から災害を研究してきた広瀬弘忠氏は指摘しています（広瀬、1984, p. 106）。

21世紀に入ってからさまざまな大災害が人々の注目を集めるなかで、実際に災害に直面してもなかなか避難行動が取られないことも広く知られるようになりました。避難行動に影響する二つの要因として、災害情報の入手と、避難者の判断があります（泉谷ほか、2017）。正常性バイアスがあると、後者の避難者の判断が不適切になる恐れがあり、避難が遅れるのです（近田・原山、2013）。

広瀬氏は『生存のための災害学』のなかで、正常性バイアスは、二つの傾向性として現れると指摘しています。一つ目は、災害情報を日常的枠組みのなかへ押し込め、異常ではないと捉えようとする傾向です。二つ目は、異常が人々の対応能力を超えていて情報が曖昧な場合、危険度をできるかぎり低く評価しようとする傾向です。そして正常性バイアスが見られる理由について、「危険を無視することによって心的バランスを保とうとする一種の自我防衛機制であると考えられている」と分析しています。

危険を無視するという認知傾向は非常に根強く、彼の調査では、巨大地震が予期される地区で2年半にわたり住民に調査を行ったところ、時間が経つにつれ危機意識と地震不安は一定の上限で止まってしまったとのことでした。

私たちは自分に危険が降りかかる確率を一定以上に高く考えないことによって、ストレス過剰にならないようにしている、と同書では考察されています。

このようなバイアスの効果は、ここまでに見てきた他のバイアスと同じです。現実を実際よりも良いものと認知することで精神的な安定を保つのです。

その反面、認識が現実からずれることがあります。現実を多少良いものと考えることで深刻な事態が訪れる場合があるのが、災害場面であると言えます。

強固な楽観バイアスを必要に応じて抑制し、正常性バイアスに陥らずに適切な災害への備えと避難行動が取れるようにする必要があります。そのためには、行政やマスコミなどの災害情報には常に「そういうことが自分にも降りかかりうる」という気持ちで接する必要がありそうです。

3　偏見を生み出すバイアス

†外国人犯罪は本当に多いのか

正常性バイアスや楽観バイアスは自分に悪いことは起きないという方向性のバイアスでした。では、そのようなバイアスに囚われている場合、悪いことはどこで起きると感じられるのでしょうか？　それは、自分たち以外のところです。

こうした悪いことは自分たち以外のところで起こっているという見方はさまざまな偏見につながります。そういった見方を起こすバイアスの一つが、錯誤相関と言えるでしょう。

ここでは「外国人による犯罪」を例として錯誤相関を説明しましょう。

平成のある時期、「外国人による犯罪」が特に取り沙汰されました。当時騒がれたのは来日外国人でしたが、そのような報道が続くと、なんとなく来日外国人は犯罪をしがちだ、といった感覚も芽生えてきかねません。

こういったときは、データを使ってそういった感覚がどれくらい実態と合っているかを確認しましょう。「令和元年版　犯罪白書」（法務省法務総合研究所［2019］から、本文・図表・データにアクセスできます）を参照すると、平成の30年間の日本の刑法犯の検挙人員数と外国人の検挙人員数が出ています。外国人は、来日外国人とそれ以外の外国人に分けた数値が出ています。また、各年の新規来日者数、日本の総人口も出ています。

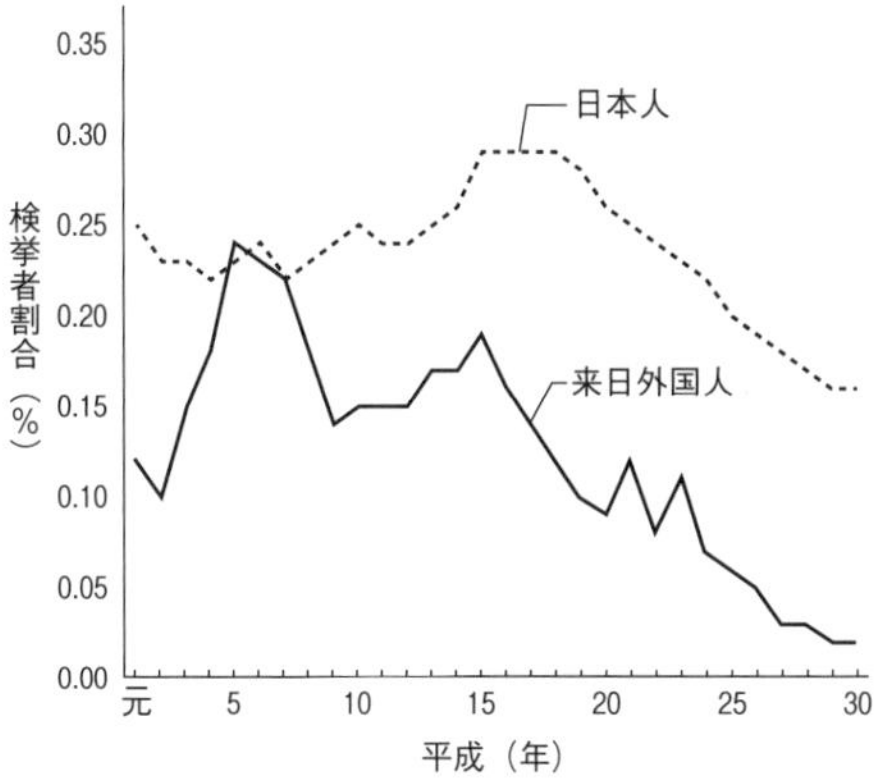

図3－2　日本人・来日外国人の検挙者の割合

以上のデータを使って、新規来日者数に対する来日外国人の刑法犯の検挙人員数の割合を計算したものと、日本人の人口に対する日本人の刑法犯の検挙人員数の割合を計算したものをグラフに表したのが上の図です（図3－2参照）。

この図を見ると、来日外国人の検挙者割合は日本人の検挙者割合を下回っていることが多く、最も高い平成4～8年頃でも日本人と同じくらいです。平成15年以降は日本人・外国人とも割合が下降していますが、これは日本での犯罪認知件数・犯罪発生率自体が減っていることのほか、外国人に関しては来日者数の増加によって分母が大きくなっていることが影響していると考えられます。

外国人の犯罪についてあまり単純に割り切ったことを言うことはできません。犯罪をした外国人は再入国が難しくなるので、再入国できる外国人の多くは犯罪をしない人になっていきますし、一度帰国して同じ年に再入国した外国人が複数人としてカウントされる可能性もあります。また、ここに盛り込まれていない統計の存在も示唆されています。

とはいうものの、かつて「来日外国人の犯罪が頻発している」と報じられて不安を感じたほどには、来日外国人のうち犯罪をして検挙される人の割合は多くないと思いませんか？

†錯誤相関――目立つものどうしは結びつく

それでは、なぜ私たちは、来日外国人という日本社会における少数派の人たちは悪いことをするかもしれないと実態以上に感じてしまうのでしょうか？　そこに働いていると考えられるのが、錯誤相関というバイアスです。

私たちは、他者を認知する際にまずカテゴリーを用います（Fiske & Neuberg, 1990）。性別や年代、職業、出身地、国籍などを使ってその他者がどんな人かを推測します。相手にそれほど関心がない場合や、話したり親しくつきあったりしない場合は、相手に対する情報処理はその水準で終了します。しかし、コミュニケーションなどをして相手の情報が多数入ってきたり、人間関係ができたりすると、単なるカテゴリーに属する人物としてではなく、相手を個別化して、個人としての性格などを認識するようになります。

対人認知でカテゴリー的認知から始まる理由としては、私たちは初対面の相手についてはそもそも関心を持たないことも多いこと、情報が少ないこと、そして、私たちの脳の情報処理システムは、会う人会う人すべてを個別化して記憶できるほどの量の情報を処理できないことが挙げられます。

そうすると、少数派であるカテゴリーに入っている人は、目立つことになります。というのは、社会においては多数派は文字通り多数を占めているわけですから、物理的な形状の認知でいう「図」か「地」かでいうならば（無藤ほか、2018、第3章）、「地」に当たります。私たちは「地」の部分は背景として形を認識せず、「図」のほうが形を持っているように感じます。社会的な認知は物理的な認知とまったく同じとは言えませんが、これと同じように目立つもののほうを認知します。

一方、社会において犯罪を行う人も社会全体から見ると少数派です。前記の図のように、犯罪をして検挙される人は人口の0・15〜0・3％くらいで、数が少なくかつ社会的に望ましくない行為をしたため、とても目立ちます。

社会における少数派と、社会において犯罪をする人々。どちらも数が少なく「目立つもの」です。もしかすると、私たちは目立つ者どうしを結びつけて認知しやすいバイアスを持っているのではないでしょうか？　だから、少数派の人＝悪いと考えてしまうのではないでしょうか。この仮説を検証する実験が行われました（Hamilton & Gifford, 1976）。

†少数派を悪い人びとだと感じるわけ

この実験は、次のようなものでした。

まず、人がとりうるさまざまな行動のリストを39個用意しました。そのなかには、27個のやや望ましい行動と、12個のやや望ましくない行動のリストが含まれていました。

そして、架空の人物39人が、一人につき一つの行動をとったという文を用意しました。文は39個になります。39人のうち、26人は多数派のグループAに、13人は少数派のグループBに属していると教示しました。たとえば、「ジョンはグループAのメンバーですが、入院している友人を見舞いました」というような文です。

多数派のグループAで望ましい行動をとる人は18人、望ましくない行動をとる人は8人としました。少数派のグループBでは望ましい行動をとる人は9人、望ましくない行動をとる人は4人としました。ここでのポイントは、グループAとグループBの人数は異なりますが、望ましい行動の比率はまったく同じだということです（表3-2参照）。

以上の準備をしたうえで、男女大学生40名に、内容を覚えておくように教示してから文を一つずつスライドで提示し、それぞれのグループで望ましくない行動がいくつあったか尋ねました。

	グループA（多数派）	グループB（少数派）
望ましい行動	18個	9個
望ましくない行動	8個	4個

表3-2 錯誤相関の実験での刺激文の数の一覧。最も少ないところが目立つ。

実際に提示された望ましくない行動の数は、グループAが8個、グループBが4個でしたが、実験参加者は平均して5・79個の望ましくない行動をグループAの人がとり、6・21個の望ましくない行動をグループBの人がとったと回答したのです。グループBのほうが望ましくない行動がより多いという、実際に見た文と反対の結論を導いていると言えます。

この論文では、さらに「目立つものどうしが結びつくなら、望ましい行動の数を減らして目立つようにしたら逆の結果になる」という仮説を考え、それを検証する実験を行っています。

先ほどの実験とほぼ同じ方法ですが、今回は12個の望ましい行動と24個の望ましくない行動の合計36個の行動を用意しました。

そして、36個の行動を次のように割り当てました。グループAは望ましい行動をとる人の文が8個、望ましくない行動をとる人の文が16個になるようにしました。そしてグループBでは望ましい行動をとる人の文が4個、望ましくない行動をとる人の文が8個になるようにしました。望ましい行動の割合は両グループともに3分の1ずつで、まったく同じようになっています（表3－3参照）。

	グループA（多数派）	グループB（少数派）
望ましい行動	8個	4個
望ましくない行動	16個	8個

表3－3　望ましい行動が少なくなるようにした実験での刺激文の数。このときも少ないところが目立った。

そうして用意した行動の文を一つずつ、70人の女子学生にスライドで見せました。その後、グループAとグループBで望ましい行動がいくつずつあったかを尋ねたところ、グループAについては平均して5・87個、グループBについては平均して6・13個の望ましい行動があったという回答が得られました。これまた、実際の比率とは逆転していますが、今度はグループBのほうが望ましい行動が多いと参加者は回答したのです。

各グループに対する印象を尋ねた結果も、グループBのほうが好ましいという回答でした。

以上の実験の結果をまとめると、少数派のグループは、行動の内容が望ましいものであっても望ましくないものであっても、見かける頻度が少なくて目立つ行動をすると判断されたことがわかります。

このように、私たちは自分の認識において目立つものどうしが実際以上に強く結びついていると認知する傾向があります。これは客観的な状態をそのまま認識していないという意味では、認識の間違いといえます。それが望ましい方向に間違っているのであれば大きな害はないでしょう。しかし、それが望ましくない方向に間違っているのであれば、偏見を生み出すもとになるかもしれないのです。

この章で見てきたように、私たちは自分の周囲の状況を、客観的な状態とは違ったように認識する傾向があります。それはかなり根強いものです。

そして、それは周囲の状況だけでなく、自分自身を認識するときについても言えます。自分のことは自分がいちばんよく知っている、と私たちは普段感じていますが、その自分の認識は楽観的な方向にバイアスがかかっているのです。自分に対して楽観的になることで、私たちは毎日過ごすことが精神的に楽になり、生き残りが容易になるからです。したがって、自分を良いものだと認識することは生き残るうえでは重要です。

次の章では、自分自身を認識する際のバイアスについて見ていきましょう。

第4章

自己についてのバイアス

この章では、自己についてのバイアスについて見ていきます。自己とは要するに自分のことです。自分をどのように認識するのかという問題は、社会心理学では中心的な問題の一つです。

自分を認識する仕組みは複雑で、その過程にさまざまなバイアスが入り込む余地があります。そうした自己についてのバイアスについて、これから見ていきましょう。

1 自分を認識する枠組み

✝自己を認知するということ

私たちは普段、自分が自分をどのように認識しているかについて改めて考えることはないでしょう。自分というのは生まれてきてからずっと存在し、自分はそれを物心ついたときからきちんと認識していると感じるのが普通だと思います。

しかし、社会心理学の「自己認知」という研究領域の知見からは、自分という一つの実体のようなものがあるという認識をつくるには、かなり高度な心の働きが必要だということがわかっています。高度な心の働きを使ってさまざまに認知した要素を組み合わせて自分自身で織り上げるのが「自分」という存在であるといえます。

たとえば、自分は優しい人間だと自分で思っているとしましょう。しかしその「優しい」というのは抽象的な概念です。自分に関してそのように抽象的なことを、何の基盤もなくいきなり認識するのは難しいことです。

私たちが生まれてから現在までのあいだ、自分について知っていることは、自分の行動や自分について人から言われたことなど、さまざまな自分の体験についての記憶です。このような体験した事実についての記憶を、心理学では「エピソード記憶」と言います。エピソード記憶をどれだけ大量に集めても、「優しい」という抽象的な理解に達することは困難です。

自分というものを織り上げるには、自分についての大量のエピソード記憶を取捨選択し、共通項を自分なりに抽出して、それに概念を当てはめる（ラベルをつける）という精神的な作用が必要です。たとえば、自分の大量の過去の記憶のなかで、かつて友達にノートを貸してあげたとか、電車のなかで人に席を譲ってあげたとか、お母さんに「あなた優しいわね」と言われたなどの個々の出来事の記憶から、自分には共通して人に優しくする傾向があるという共通項を抽出します。共通項を抽出する際には、自分には性格というものがあるはずだと考え、自分が知っている性格についての概念のなかから自分に当てはまりそうなものをピックアップして当てはめます。これではじめて、自分は優しいのだと認識することができます。

性格とは何か

実は性格が存在するというのも一つの考え方であり、自明の事実ではありません。

通常私たちは、人には性格というものが存在し、いろいろな場面や時において性格に基づいて一貫して行動すると考えています。たとえば、怒りやすい人はちょっとしたことでよく怒り、優しい人は昨日も今日も明日も、誰に対しても優しく接してくれると考えています。性格が変わらないかぎり行動は変わらないとも思っています。

しかし、人間の行動には状況の影響が大きく、同じ人でも置かれた状況や時によって行動が変わることが大いにあります。たとえば自分の行動を振り返ってみれば、家族の前、友人の前、学校の先生の前、上司の前ではそれぞれの場合でとる行動が異なるでしょう。同じ言葉をかけられたとしても、相手が誰か、状況がどうかによって自然に違った行動をとります。そして、それが状況に影響されたものであることが、自分の行動であればよくわかります。誰の前で、どのような状況で行動するかによって、よくする行動のレパートリーを使い分けることもあるかもしれません。

ところが、私たちは他者の行動の原因を説明し、予測しようとする場合には、そのようなことを忘れてしまいます。他者のなかに何らかの安定的な原因があると想定し、他者の行動を説明し予測しようとします。そこで、性格という概念を作り出し、性格が行動の原因となって状況や時や場合を超えて一貫した行動傾向があると考えるのです。

このように、性格という概念は他者の行動を説明したり予測したりするために使われる概念ですが、自分の行動を説明し、自分を理解するためにも使われます。

自分のなかで自分に対する理解ができあがると、それを記憶のなかに蓄えておき、必要に応じて取り出して使います。たとえば、新しく自分がおこなった行動や考えについて意味づけをしたり、これから自分がすることについて判断したりします。その積み重ねによって、私たちは自己を認知するとともに、認知の内容を日々更新しているのです。そして、自分自身についての自分なりの理解の枠組みを作り、維持していきます。これを社会心理学では「セルフ・スキーマ」と呼んでいます。セルフ・スキーマについては後ほどもう少し詳しく説明します。

以上のように、自己を認知するには高度な心の働きが必要になります。そして、その高度な過程には、バイアスの入り込む余地があります。自分の体験の認識、記憶、それに対する意味の付与、さらに自分の性格の推論、などの過程です。その結果、私たちは現実の自分とはかなり違ったかたちで自分自身を認識しています。以下ではそういったバイアスについて紹介していきます。

2　自分はいいものだというバイアス

以上で見てきたように、私たちは自分というものを高度な精神の働きで作り出しているのですが、その作り出し方にはかたよりがあります。

たとえば私たちは普段、自分のことをいいものだ、と思っています。「いやいや、そんなことは思っていない」とお感じかもしれません。しかし、社会心理学の自己認知の研究では、私たちは鬱などにかかっていないかぎり、実際よりも自分のことをいいと考えているることを示す実験結果があります。それでは、どんなふうに自分を良いと考えているのでしょうか。

†自己高揚動機

突然ですが、あなたは、自分のコミュニケーション能力は人と比べて高いほうだと思いますか、低いほうだと思いますか？　もしあなたが就職活動中の学生さんやビジネスに携わる方であれば、ビジネスには人間力が必要だと言われたのを聞いたことがあるかもしれません。あなたの人間力は、あなたと同じような人のなかでは上から何パーセントぐらいに入るでしょうか。「人並みか、それよりは高いくらいかなあ」と思われたでしょうか。

ある社会心理学の研究では、「あなたは自分の社会性は、あなたと同じような回答者のうち上位どれぐらいだと思いますか」と尋ねたところ、同じような回答者のなかの上位10%以内に入ると答えた人が60%いました。さらには上位1%以内に入ると回答した人が25%いました（Myers, 1987）。

当たり前の話ですが、仮に「社会性」を点数化できたとして、上位10%以内に入る人は回答者全体の10%しかいません。ですから、上位10%に入ると回答した人が60%もいるのは、どう考えても多すぎます。さらに、1%以内と回答した人が25%もいたのは、率から言うとさらに多くなっています。このように、人間は自分を実際よりも良いものだと考えたがる傾向があります。

これを「自己高揚動機（self-enhancement motivation）」といいます。enhanceとは「高くする」という意味です。もちろん、ここでは物理的に高くするという意味ではなく、価値が高いものだと考える、つまり魅力的で良いものであると思うという意味です。

前章でポジティブ幻想について説明しましたが、人は自分がいいものだと考え、また、感情的にもそう感じています。自分で自分をいいものだと感情的にも認めていることは、心理的に周囲の状況に適応していくうえで重要です（Dufner et al., 2019）。そうでないと、精神的に健康に生きていくことは難しく、場合によっては鬱病になったりします。そのため、生物としての長い進化の過程で、自己高揚動機を持っているものや集団が生き残ってきました（Sedikides et al., 2004）。

しかし、いくら自分を良いものだと考えたいといっても、たとえばオリンピック級の陸上選手でもないかぎり、自分は世界の人類のなかでも抜群に足が速いと考えることは難しいでしょう。なぜなら、走ったときのタイムは客観的な方法で測定することができ、測定すると自分の足の速さが人類のなかで抜群かどうかは明白にわかってしまうからです。

それに比べて「コミュニケーション能力」「人間力」「社会性」といった概念は、まず定義が曖昧で、中身はわかるようなわからないようなところがあります。測定も、陸上競技ほどには客観的な方法で行うことができません。そして、人間関係を営んでおり、就職活動をするうえで、「コミュニケーション能力」や「人間力」、「社会性」はあるほうが良いと考えられることが多いでしょう。つまりこれらの特性は良いものだと考えられています。

このような、曖昧かつポジティブな特性は自己高揚動機の対象となりやすくなります(Dunning et al., 1989)。自分に都合のいいように考えても客観的な測定で覆されることがなく、かつポジティブな特性なら「自分には備わっている」と考えたくなるからです。

しかし、たとえ遂行の程度が測定可能なものであっても、自分の成績が他の人と比べてどのくらいかという情報が曖昧な場合、人は自分の成績を実際よりも良い方向に認識をゆがめることで、自己高揚を行います(Klein et al., 2006)。

第3章でポジティブ幻想について扱いましたが、このように私たちには自分を実際以上にポジティブに認知しようとする傾向があります。精神的に健康であればポジティブ幻想があるほうが普通だと言えるでしょう。反対に、鬱にかかった人は、かかっていない人と比べてある意味では正確な自己認知を持っているともいえるのです(Lewinsohn et al., 1980)。

†抑鬱者のセルフ・スキーマ——否定的に自分を認知する

鬱にかかっている人の自己認知が正確になるのはなぜなのでしょうか。それは、鬱状態にある人は自分に関して否定的な認知の枠組みを使っているからだと考えられています。

人間は、自分の周囲にある物事を認知するときには、枠組みとなる知識を使っています。このような知識のことを「スキーマ」と呼んでいます。

スキーマは、自分の周りの物事を認識するときだけではなく、自分自身に対しても使われています。この自分についてのスキーマを、「セルフ・スキーマ」と呼びます（Markus & Wurf, 1987）。自分に対して外の物事と同じように何らかの枠組みを使って認知しているなんて、ちょっと意外な感じもします。しかし、自分というものが高度な心の働きの結果生み出されてくるものであることは、先ほど見たとおりです。高度な認知をする際に、その前提としてまず認知のための枠組みを使って自分に関連するさまざまな情報を認識しているのです。そして、自分に関するスキーマとは、いろいろな社会的状況を通じても変化しない、自分の核になる側面（Markus & Wurf, 1987, p. 306）とも言えます。

そして、スキーマがどのようなものかによって、認知する中身も影響を受けます。鬱状態にある人は、自分に関して否定的に捉えるスキーマを持っています。そのため、自分に関する否定的情報をよく思い出したり、否定的情報を使って推論したりします。たとえば、自分の性格、能力について考えるときに、人から「暗いと言われたこと」や「試験で思い通りの結果にならなかったこと」などの否定的なことを多く思い出し、それをもとに推論します。

鬱にかかっている人は、自分に関する情報をポジティブにゆがめることがありません。その結果、自己認知は相対的に正確になると考えられます。

自分のことも周囲のことも正確に認知していたほうが望ましいように思えます。心理学や経済学では、正確に認知しているほうが合理的に判断できるため望ましいと考えられてきました。しかし、正確な認知を追求しようとすることが、生き残りにおいてかえって不利になることもありうるのです。

†スキーマが認知を左右する

セルフ・スキーマの話が出てきましたので、スキーマとは何かということを改めてお伝えしておきましょう。

スキーマとは、自分の周囲の世界や他者を認識する枠組みとなる知識でした。しかし、「枠組みとなる知識」とはなんでしょうか。

枠組みとなる知識には、自分が置かれている場面がどういう場面か、自分が認識している情報が何についての情報か、などが含まれます。私たちはそれを知っていることで、入ってきた情報の意味を適切に捉えることができます。

たとえば、文章を理解する際には、その文章が何についての文章で何を説明しようとしているのかがわからないと、理解したり覚えておくのは困難です。

次の文章を読んでみて、どのような感じを受けるでしょうか。

その手順はまったく簡単である。まず、ものをいくつかのグループに分ける。もちろん、ひとまとめでもよいが、それは、やらなければならないものの量にもよる。もし設備がないため、どこかよそにいかなければならない場合には、それが次の段階となる。そうでない場合は、準備はかなりよく整ったことになる。重要なことは、やりすぎないことである。すなわち、一度に多くやりすぎるよりも、少なすぎるほうがよい。この重要性は、すぐにはわからないかもしれないが、面倒なことは、すぐに起こりやすいのだ。そのうえ、失敗は高くつく。最初は、その全体の手順は複雑に思えるかもしれない。しかし、すぐにそれは生活のほんの一面になるであろう。近い将来、この仕事の必要性がなくなるとは予想しにくいが、誰もなんとも言えない。その手順がすべて終わったあとで、ものを再びいくつかのグループに分けて整理する。次にそれらは適当な場所にしまわれる。結局、それらは再び使用され、その全体のサイクルは繰り返されることになる。とにもかくにも、それは生活の一部である。(Bransford & Johnson, 1973)

いくら読み進んでも何のことかわからず、落ち着かずにイライラします。それは、この文章を理解するスキーマが与えられていなかったからです。

実はこの文章は「洗濯」に関する文章です。それを知ったうえでもう一度読んでみてください。今度はそれぞれの言葉の意味がよくわかる感じがしたと思います。このように、枠組みが与えられているか否かは認知のあり方を大きく左右します。そのため、人に何かを説明する際に、まず「何についての話か」という情報を与えることは非常に重要です。

†スキーマの揺らぎによる混乱——学校スキーマ

もう少し高度な認識の枠組みに関する例を見てみましょう。たとえば、学生として学校にいるという状況を考えてみましょう。あなたは自分を受け入れてくれ、自分に必要なことを教えてくれる学校に行っています。そこには学生としてのあなたがいて、教師がいます。そして、教室という場所で授業を行います。教室には机と椅子があります。机の前にある椅子に座ります。どの椅子に座るかは、あらかじめ指定されていることもあれば、そうでないこともあります。

授業が始まると、教師は話をしたり投影機で資料を見せたり紙の資料を配ったりして、あなたにいろいろなことを教えてくれます。場合によっては学生が当てられたりして発言することもあります。それ以外のときに話してはいけませんし、自分の席から立ったり歩き回ったりしてはいけません。また、宿題が出た場合には授業の時間外にそれをこなして次の授業に持ってこなくてはなりません。授業はチャイムが鳴ってから次のチャイムが鳴るまでです。授業終了のチャイムが鳴ったら休み時間で、自分の席から離れて歩いてもかまいません。

当たり前のことを書き連ねてきましたが、これが当たり前に感じられるのは、学校という場の枠組みについての十分な知識があるからです。学校では学校に特有の方法で、空間や時間、人間関係が構造化されています。その構造を知らないと学校ではうまく振る舞えませんし、見聞きしたことを十分にうまく認識できません。入学したての小学一年生にとっては、このすべてを理解して身に付けることは非常に新鮮ですが負担もあることのはずです。

知識は、教師が学校におけるルールとして明示的に言葉で伝えることもあります。しかし言語化されていないものも多く、生徒は教師や先輩、友人のふるまいを見て真似し、自分で行動してみて他者からのフィードバックをもとに学んでいきます。

このようにしてできあがった認識についての枠組みは、「状況を理解するためのテンプレート」(David Myers & Twenge, 2018) とも呼べるものです。

この観点から言うと、２０２０年の新型コロナウイルス感染症の拡大によって、「学校スキーマ」は大幅に変わることになりました。感染症対策のための遠隔授業の導入等による混乱がありましたが、学校運営上の混乱やそういった状況への理解不足は、技術的な問題によるものだけではありませんでした。学校現場に携わる人々や、社会のほかの場から学校というものを理解する人々の頭のなかにあった従来の「学校スキーマ」が通用しなくなったことも原因の一つだと考えられるのです。２０２０年の学校のさまざまな混乱は、はからずもスキーマの重要性を明らかにした事例と言えます。しかし、スキーマが揺らいだことによる混乱も、今後さまざまな試行錯誤を経て、新たなスキーマが広く社会で共有されていくことで収まっていくでしょう。

†セルフ・ハンディキャッピング——本当は自分はもっとできる

セルフ・スキーマの話では、私たちは自分自身を見るときにも「枠組みとなる知識」に基づいて行っていることを紹介しました。私たちは、自己・他者それぞれを見るときにスキーマを使っています。

そして、そのスキーマを基盤にしつつ、自分の見え方にはさらにさまざまな要素が加わっています。

他者から見える自分の見え方を変化させることで、自分がどう見えるかをゆがませることの一つに、「セルフ・ハンディキャッピング」というものがあります。

認知のゆがみという本来のバイアスの意味からは少し離れますが、自分の見せ方にバイアスをかける方法という意味で、自己についてのバイアスのなかで紹介しましょう。

セルフ・ハンディキャッピングとは聞き慣れない言葉ですが、現象そのものは、日常よく目にします。たとえば大事な試験など、自分にとって重要で自分が試されるようなことがある場合に、わざと不利になるようなことをすることです。それは通常、自分が試されるようなことと自分にとって不利なことの両方が、他の人からもはっきり見えるときによく起こります。

私が大学一年生のときに、その当時よく一緒にいた友人と次のようなことをしました。語学の試験の前に「荒行」と称して、数名で一緒に大学のキャンパス内に泊まり込んで徹夜でテレビゲームに興じたのです。そして、翌朝は寝不足のまま試験を受けに行くようなことをしました。

「荒行」とおどけて呼んでいる通り、自分に非常に大きな負荷をかける行動です。そんなことをしたら試験には不利になります。語学の試験というのは、点数が足りずに単位が取れないと留年になることがあるため、学生生活上きわめて重要な試験の一つです。本当だったら、試験前日にはまず十分な睡眠を取ることが必要です。そして、時間をとって教科書やノートを見直したり、覚えられなかった単語を覚えるよう努力することがまっとうな試験対策です。試験対策という観点から見ると、「荒行」はほぼ完全にそれに反する愚かな行動です。しかし、この「荒行」は典型的なセルフ・ハンディキャッピングであり、社会心理学的には非常に意味のある行動です。では、その意味は何でしょうか。

セルフ・ハンディキャッピングには、する人の自尊感情が高いか低いかによって異なる二つの意味があります（Tice, 1991）。

自尊感情が高い人の場合、セルフ・ハンディキャッピングをすることで、自分の能力をより高く見せることができます。たとえばさきほどの「荒行」後の語学の試験で良い成績を取った場合には、周りで見ていた他の人は、「その人の能力が高いからだ」と思うでしょう（能力に帰属するでしょう）。その結果、セルフ・ハンディキャッピングをした人のイメージは非常に良いものとして、本人にも他者にも認知されることになります。

一方で、自尊感情が低い人の場合、考えているのは失敗した場合のことです。さきほどの例で語学の試験がうまくいかずに単位を落とした場合、直前に不利な状況があれば「単位を落としたのは不利な状況があったからで、能力や性格の問題ではない」と見てくれるでしょう。それによって、失敗の原因が直接自分に帰属されて他者から低く評価されることを防げます。そうして、低い自尊感情がさらに低くなることを防ぐことができます。

このように、セルフ・ハンディキャッピングは自分にとって中心的な価値のある重要な出来事について、他者からどう見えるかをコントロールすることで自分のイメージを保とうとする戦略の一つであると言えます。

他者からの自分の見え方をコントロールすることを、社会心理学では「自己呈示」といいます。自分の行動や自分の状況のうちどこを強調するか、何を他者からよく見えるようにするかを操作することで、他者に対して良い印象を与えようとします。実際にその人の行った行動やその人の周りで起こった状況であることは間違いないので、嘘や単なる見せかけであるとは言えないでしょう。しかし、視点や強調点を操作しているところが、バイアスを起こさせるような行動であるとも言えます。

✝スポットライト効果——自分は見られている

セルフ・ハンディキャッピングで見たように、私たちは他者の目から見た自分の印象を考えて行動することがあります。それだけ、自分は他者から見られていると思っていて、それを気にすることがあるということです。

たとえば、今日の服はいまいちだなあ……と思いながら職場に出かけていくことはないでしょうか。それを引け目に感じながら、同僚に会ってあいさつし、仕事に入ります。翌日、その同僚に「昨日の服装、イマイチだったんだけど、きょうは決まったよ！」といったところ、そもそも同僚は昨日の服装を覚えていなかった、ということはないでしょうか。

そんなとき、同僚がちゃんと見てくれていなかったことにがっかりするかもしれません。でも、それはあなたにスポットライト効果が起こっているからなのかもしれないのです。スポットライト効果とは、実際以上に他の人が自分に注目していると思うバイアスのことです。

この効果を確かめた次のような実験があります（Gilovich et al., 2000）。大学生の実験参加者を１０９人募り、そのなかからターゲットとなる学生15人を選びました。その15人には、1人ずつ実験控え室に来てもらい、バリー・マニロウという甘いマスクの男性歌手の顔が大写し（21センチ×24センチ）になっているTシャツを着てもらいます。このTシャツを着ると恥ずかしく感じることは事前調査で確認済みでした。この状態は、自分に注意が向いた状況を作り出します。

ターゲットとなる実験参加者がこのようになった状態で、実験室に案内されます。その部屋では、テーブルの向こうに他の実験参加者が4〜6人ほど座っています。1人のターゲットと4〜6人の観察者が、まるで面接の椅子のセッティングのように、テーブルを挟んで向かい合わせに座ります。

が、ターゲット参加者が座ろうとしたところで実験者に呼び止められ、廊下に連れ出されます。そして、次のように聞かれます。「テーブルの向かいに座っていた人たちには、あらかじめあなたのシャツに描いてある人を覚えておくようには言っていません。この状態で、何人の人があなたのシャツに描いてあった人を覚えていると思いますか？」

もし、ターゲットの人が、観察者の人たちから自分が見られていると思っていれば、人数を多く答えるでしょう。その予想人数と、実際に観察者の人が何人覚えていたかを比べると、自分は注目されると考えすぎていたか否かがわかります。

この実験では、ターゲット参加者は、観察者のうち45％強が自分の着ていたTシャツの人物を当てることができると予測しました。しかし、実際にTシャツに人の顔が描いてあることを覚えていて、なおかつそれがだれかを当てた観察者は25％弱しかいませんでした。ターゲット参加者の予想の平均値と、実際の観察者で正解した人の割合は、平均して23％違っていたのです。

このパターンは、Tシャツに描いている人物を、着ていると恥ずかしく感じる人物ではなく、ボブ・マーリー（レゲエミュージシャン）、ジェリー・サインフェルド（コメディアン）、キング牧師（社会運動家）といった、着ていて誇らしく感じる人物に替えても同じでした。

この実験の参加者のように、私たちは自分の服装などを実際よりも他者から注目されていると思うバイアスがあります。

あまりにもそう思い込みすぎると恥ずかしいことも起きそうですが、この研究では、スポットライト効果はある程度現実的状況に基づいていそうだということも述べられています。

なぜなら、ターゲット参加者の正解の予測値と、観察者の成績との間には有意な相関（$r = 0.50$）があったからです。つまり、観察者がターゲット参加者をまったく見ていなさそうなのにターゲット参加者が高い予想値を回答したり、あるいはその逆に観察者がターゲット参加者をよく見ていたのに低い予想値を出すといったことはあまり起こっていなかったのです。

もし、現実とまったく関係なくターゲット参加者が正解率を予測していたら、これほど高い相関係数は出ませんから、スポットライト効果は現実の状況に基づきつつ、かなりそれを自分よりに解釈したものと言えそうです。

†透明性錯誤――自分の内心はバレている

スポットライト効果は自分に対する注目度が実際よりも高いと感じるバイアスですが、

さらに進んで内心まで見抜かれていると感じるバイアスがあります。

たとえば、嘘をついてばれないかヒヤヒヤする、けれども案外周りの人はその嘘に気づいていないという場面を想像してください。TVドラマや映画などで嘘をついた主人公とその周りの人が嘘に気づかないギャップは、観ている者をヒヤヒヤさせます。私たちは通常主人公に感情移入していますから、このような状況では話に夢中になっていきます。また、主人公も自分の嘘がばれるのではないかと思って、実際以上にヒヤヒヤしています。

そのバイアスが、「透明性錯誤」(Gilovich et al., 1998)です。透明性錯誤とは、人が自分の内的状態(心の状態)が外に「漏れ出している」ように感じることを言います。自分がついた嘘が見破られてしまうと感じたり、自分が嫌な思いをしていることは他の人からもはっきりわかるだろうと思ったり、緊急事態が起きていればその状態は他の人にもはっきり伝わるだろうと思ったりすることです。

この研究の実験に、次のようなものがあります。まず、実験参加者52人を集め、ランダムに二人一組として、片方を試飲する人、もう片方をパートナーにしました。

そして、1人の試飲者につき5個の飲み物を用意しました。飲み物は一つあたり5ミリリットルで、見た目は同じです。しかし、味はまったく違っていて、4個がおいしい飲み物、1個が非常にまずい味の飲み物です。このまずい味の飲み物はブドウの葉の酢漬けの入った塩水に水と着色料を加えたもので、これが非常にまずい味と感じられることは、あらかじめ確かめられています。なお、体には無害であり、それは実験参加者にも説明されています。

5個の飲み物のうちどれがまずい飲み物かはわかりませんが、試飲者にはどちらを飲んだときも、なるべくおいしくもまずくもなかったように振る舞ってもらいます。それをビデオで撮っておきます。

ビデオができたあと、別に実験参加者を募集し、その人たちを観察者とします。そして、観察者はビデオを見て、試飲者がおいしい飲み物とまずい飲み物のどちらを飲んだかを当てます。試飲者1人につきこれを2セット行い、全試飲者の平均値を計算します。

試飲者とパートナーには、「10人のうち何人の観察者が、まずい飲み物を飲んだことを当てられると思いますか」と尋ねて予想人数を回答してもらいました。まったくの当てずっぽうで回答したときの正解率は5分の1になるので、10人のうち2人が正解することになります。これよりも正解する人が多ければ、観察者は見破ることができたことになります。

試飲者は、平均して3・63人が正解すると予想しました。それに対して、そばで試飲者が飲む様子を見ていたパートナーは2・72人と予想しました。しかし、観察者のうち実際に正解した人は平均2・00人でした。

以上をまとめると、試飲者はまずい飲み物を飲んだときには、実際よりも自分の嘘が見破られると考えていたことになります。試飲者は、自分の様子をそばで見ていたパートナー以上に嘘が見破られやすいと考えていたのです。しかし実際には、観察者は、試飲者がいつまずい飲み物を飲んだのか見破ることはできませんでした（なお、おいしいほうの飲み物の場合については、試飲者の予想、観察者の成績がいずれもランダムに回答した場合と統計的に差がないため、このデータからはなんとも言えませんでした）。

†視点取得の難しさ

なぜこんなことが起きるのでしょうか。この研究グループは、それは私たちが他の人の視点になかなか立てないからだと説明します。

心理学では、他者に共感する能力の要素として、他者の視点に立って状況を見る能力があると考えます。これは他の人の視点から状況を眺めることなので「視点取得」と呼ばれています。

他の人の視点からその人の置かれた状況を見たとき、何が見えて何が見えないか、何がわかって何がわからないかを推測する認知的な能力とも言えます。これは、他者を思いやって配慮したり、苦痛を感じている他者を見て同じような苦痛を感じる能力などとは区別されます（デイヴィス、1999）。

視点取得に必要なのは、他の人の認知能力と同じものを自分の心のなかに作って自分の置かれた状況を見る、すなわち一種のシミュレーションをすることです。

たとえば、「サリーとアン」課題という有名な課題があります（Wimmer & Perner, 1983）。これは子どもを実験参加者としていました。子どもにサリーとアンという人形が出てくる人形劇を見せるというものです。いろいろなバージョンがありますが、次のようなものがあります。劇のなかでサリーはビー玉を持っていて、それをカゴのなかに入れてそのカゴを残してステージから一度出ます。サリーがいない間に、アンはカゴからビー玉を取り出し、それを別の箱のなかに移します。その後、サリーがステージに戻ってきます。ここで、子どもに「サリーはどこを探すでしょうか？」と尋ねます。

答えは「カゴのなか」で、大人が普通に考えれば簡単にわかります。視点取得ができるからです。しかし、視点取得ができない小さな子どもにはそのことがわかりません。「箱のなか」と答えてしまいます。自分が見て知っていることは他の人も知っているという前提でものを考えてしまうのです。

この課題が正しくできるようになるには、他者は誤信念（現実の状態と異なる事実の認識）を持つことがあることを理解し、それがこの状況で起きることを理解し、誤信念の内容を想像できる必要があります。

ただ、大人になってからも、すべての点で適切に視点取得することは難しいようです。わたしたちは他者に完全になりきることができない以上、他者の視点からの見え方を完全に正確に推測することはできないということなのでしょう。そして、そのために起こるバイアスがあるのです。

3 自分は正しいというバイアス

私たちはなかなか他者の視点に立って物事を見ることはできないことを見てきました。しかし、世の中で生じる物事にはさまざまな見方ができ、それぞれの人の立場から見たらそれぞれの見え方があるでしょう。みながみな自分の見方ばかり主張していると争いになります。

このようなことが起きるのは、私たちは視点取得が完全にはできないことに加えて、そもそも人は自分が正しいと思う方向にバイアスがかかっているからです。もしかすると、ある程度で妥協できたことでも、正しさを譲れなかったことで対立が深くなったり長引いたりしていることもあるかもしれません。

そのような視点から見つめなおしてみると、人間関係につきものといっていい対立について、見方が変わるかもしれません。

ここでは、「自分は正しい」と思ってしまうバイアスを見ていきましょう。

†自己中心的公正バイアス

自分が正しいとしたら、間違っているのは他の人たち。こう聞くと単純な話のように感じられますが、このようなバイアスが存在することを示した研究があります。

次のような実験があります（Messick et al., 1985）。実験参加者に、人間の日常的な行動のうち、正しいと思えるものと正しくないと思われるものを5分間でできるだけたくさん書いてもらいました。その際に、自分が行いやすい行動だと思えば「私」を主語にして、自分以外が行う行動だと思ったら「彼ら」を主語とするよう、実験者は教示しました。

その結果、最も多かったのが「彼ら」の「正しくない」行動で、その次は「私」の「正しい」行動、さらにその次が「彼ら」の「正しい」行動で、最も少なかったのが「私」の「正しくない」行動でした。

以上の結果は、オランダ（Liebrand et al., 1986）と日本（Tanaka, 1993）でも同様の結果が確認されており、アメリカ文化に固有のものではないことが示唆されています。このように、私たちは日常的行動で自分は正しいことをしていて、自分以外の人は正しくない行動をしがちだと考える傾向があるのです。

†社会的妥当性と自己確証動機

自己中心的公正バイアスでは行動が正しいかどうかを問題にしていました。道徳的正しさについて客観的な基準はないので、客観的に正しさを証明することは難しくなります。

そこで、手っ取り早く自分は正しいと思いたい場合、どうしたらよいでしょうか。それは、「あなたは正しい」と身近な人に言ってもらうことです。これを社会心理学では「社会的妥当性」と言っています。

「社会的妥当性」と日本語で言うと、なにか公式に認められたような感じがしますが、この「社会的」は"social"の訳で、「対人関係において」「周りの人と」といったような意味です。つまり、いつも一緒にいる家族や親友に「確かにその通り!」と言ってもらうことが、ここで言う「社会的妥当性」です。人は、客観的に正しいことでなくとも、人から「それは正しい」と言われると安心し、それが本当に正しいと考えてしまいます。

自分のことについて腹を割って話すことを社会心理学では「自己開示」と言いますが、

その重要な動機の一つが、社会的妥当性が得られることです。

これだけ心理的には重要な社会的妥当性ですが、周囲が全員イエスマンなら、社会的妥当性の獲得は簡単です。したがって、組織において力のある立場に立つ人は、自分が社会的妥当性を得るだけで満足していないか常に警戒する必要があります。そのためには、あえて耳の痛くなる意見を聞くことも必要でしょう。

そして、自分自身をどう見るかに関しても自己確証動機が働き、私たちは自分と同じ意見の人に意見を求めます。たとえば、「自分は何も悪くない」と思っていると、同じような見方をしてくれる人を選択し、その見方を強化します。逆に、「自分はだめな人間だ」と思っていると、自分をそのように見る人を選択し、その見方を確認するのです（Swann et al., 1992）。

自分がだめな人間であることを確認したいなんて変な話だ、と感じられたかもしれません。しかし、自己評価や自尊感情が低い場合、そのほうが落ち着くのです。その逆に自分を高く評価している人とコミュニケーションをとると落ち着かなくなります。自分を守りたいという動機と正確な見方をしたいという動機は葛藤しています。自分を守りたい動機は自分をどう見るかということに影響しています（Hart et al., 2009）。

ただ、そのときの問題は、自分の見方を「その通り」と言ってくれる周囲の見方が現実とずれている場合も、それに気づかないことです。

私たちには、次で見る合意性バイアスもあるのですから、「直接自分と話をしない人もそう思っているに違いない」と思い込みがちになります。したがって、なおさら気をつけなくてはなりません。

†合意性バイアス

突然ですが、今の日本人のうち、タバコを吸う人はどのくらいの割合だと思いますか？このような質問を、タバコを吸っている人に尋ねた場合は比較的高い回答が、タバコを吸っていない人に尋ねたら比較的低い回答が返ってきます（Sherman et al., 1983）。

つまり、人は自分が行っている行動について、他者も同じような行動をするだろうと考えます。このような傾向を、「合意性バイアス」（Ross et al., 1977）と言います。合意性バイアスがあると、さまざまな議論がありうる問題について、他の人と自分の意見が一致していると思いこみます。この点を捉えて「合意性」と呼んでいます。もととなった英語のfalse consensusは、実際には存在しない合意があるかのように感じることをさしています。

確証バイアスは自分の頭のなかにある仮説に合う事実を拾ってこようとするバイアスで

したが、合意性バイアスでは、検証するまでもなく、そもそも他の人たちは自分と同じだと思ってしまうという点で、より思い込みが深いとも言えます。

近年、インターネットにおける分断が問題になっています。すなわち、SNSやニュースサイトなど、自分の考えに合った情報や意見を見て自分の考えを確認し、他の考えや見方があることに気づかない、あるいは不寛容になることが起きています。

これは、確証バイアスを持って情報を選択的に取り込み、社会的妥当性をSNSの「いいね！」で確認し、合意性バイアスで実際よりも多数の人が自分と同じ考えを持っていると思う傾向が私たちにはあり、それが通信手段の発達によって発揮されやすい状況が整っているからだと考えることができそうです。

†セルフ・サービング・バイアス

合意性バイアスのところまでで、私たちには自分の考えは正しいと考えるさまざまなバイアスがあることを紹介してきました。以上のバイアスは自分の頭のなかのことを外の現実で確かめたいという傾向性でした。

しかしそれだけでなく、すでに起こってしまった事実についても、自分に都合のいいように考えるバイアスが私たちにはあります。それは、物事の起こった原因を自分に有利なように考えることで起こります。

たとえば、あなたがもうすぐ重要な試験を受けるとしましょう。大事な国家資格の試験であったり、昇進試験のような試験を想像してください。それにうまくいったときは大変ハッピーです。そのときには、自分が努力したからだとか自分の頭がよかったからだと考える傾向があります。これは自分の内側に原因があるので「内的帰属」と言います。これでますますハッピーになります。一方、残念ながら試験でうまくいかなかったときは、「ヤマ」が外れたなど、運が原因であると考えたり、体調、試験場の環境などが原因であると考える傾向があります。これは、自分の外側に原因があると考えるので「外的帰属」と言います。

このように、結果によって自分がよりハッピーになるように、あるいはこれ以上落ち込まずにすむように原因を推測することを、「セルフ・サービング・バイアス（自己奉仕バイアス）」（D. T. Miller & Ross, 1975）と言います。

これはなぜ起こるのでしょうか？　わかりやすい説明としては、自分に都合よく考えて自分を良いものだと思いたい（自己高揚したい）からだ、という動機説が唱えられています。しかし動機がそうだからではなく、人が何か行動を起こすときには成功を考えて起こすものだから、成功したときには内的原因が目につき、失敗は意外な結果なので外の原因が目につくという説明などもあります。

なお、セルフ・サービング・バイアスは北米での実験結果では一貫した結果が報告されているものの、日本人は個人よりも自分の所属集団が良いものだと考えられるよう原因を推測する（集団高揚バイアス［Heine & Lehman, 1997］）など、文化差が指摘されています（北山ほか、1995）。

セルフ・サービング・バイアスに近いものが、いわば自己と他者の間で起きているものとして、「行為者観察者バイアス」（Jones & Nisbett, 1972）があります。これはたとえば自分が遅刻したときは電車が遅れたせい、友達が遅刻したときはだらしがないから、というように自分が行為したときと他者が行為したときで違った原因推測をすることです（Nisbett et al., 1973）。

これは自分に有利で他者に不利なように原因を帰属したいという動機説のほか、そもそも他者の行動の原因や外的な事情はよくわからないから内的に帰属するのだという説明もあります。また、人はさまざまな事象の原因を、性格や態度などの内的要因に帰属するという基本的帰属の誤り（Ross, 1977）とも関係がありそうです（これについては次章で説明します）。

†認知的不協和との類似点

バイアスとは少々異なりますが、この話と関連しそうなものとして、社会心理学で著名な「認知的不協和」(Festinger & Carlsmith, 1959) という現象があります。さまざまな社会心理学的な説明の発想のもととなっていると言える研究なので、ここで紹介します。

認知的不協和は、自分の内心の不快さや緊張を避けるために、客観的事実は変えられないのでその代わりに自分の考え(認知)を変更するという現象です。たとえば、非常につまらない課題をやらされた人が、他の人に「とても面白かった」と言わざるを得ない状況に追い込まれたとしましょう。「つまらない」という認知と「その課題は面白いと人に言った」という事実の認知は不協和を起こします。それを解決するためにあとから「あの課題は面白かった」と本当に思うようになる、という現象です。

このように、人は常に客観的で合理的な認知を行うわけではなく、自分に都合のいいようにゆがめて受け取ったり、後から認知内容を変更したりする存在だと言えるでしょう。

第5章

対人関係のバイアス

本書では、第2章でバイアス研究の現在の花形といえる、行動経済学の基礎となった認知バイアスを扱いました。ついで、第3章で周囲の世界を認知する際のバイアスを扱い、第4章では自己についてのバイアスまで見てきました。私たちにとって、周りの物理的環境や自分自身と同じくらい大事で関心が高いもの、それは他の人間です。

私たちははるか昔に集団で生きていくことを選択してきたときから、同じ集団内での人間関係の問題に直面してきました。人間はずっと、血縁関係を基盤にした150人くらいまでの集団で移動しながら暮らしてきたと考えられています（Dunbar, 1992）。そのようななかで、私たちの祖先は他の人間を見たときに協力が可能な相手かどうかを見抜き、必要な相手と適切な関係を結んできました。

そのように他者に関するさまざまな情報を収集して、他者の特徴を知覚することを対人認知と言います。私たちの対人認知に関する仕組みは、サバンナで移動しながら暮らすという環境に合ったかたちで進化してきました。

それだけ大事な対人認知ですが、実はそれにもバイアスがあります。そして、他者を認識することは、私たちの対人行動や社会的活動の基礎になっています。それは、公的組織の活動においても変わりありません。

本章ではまず前半で、他者を認識することに関するバイアスを見ていきます。その例として後半では、警察や裁判所などの公的機関が行う活動において問題にされてきたバイアスを取り上げます。

1 対人認知のバイアス

他者を認知する入口になるのが、私たちの五感です。主に視覚や聴覚から情報を得て、それをもとにその人物を認知します。

単に対象の人物の姿形だけでなく、自分の知っている人かどうか、どんな性格なのか、さらにはその人がどんな感情状態でいるのかなども、外から見聞きしてわかる範囲の情報をもとに推測して認知します。

「推測して」という言葉でお気づきかもしれませんが、性格という概念は目に見えないものですし、感情状態は本人以外にはわかりません。あくまで外からの推測です。自分に対する認知と同じように、他者の感情を認知する際には高度な心の働きが必要です。その心の働きが起こる際に、さまざまなバイアスが入り込む余地があるのです。

第4章の自己についてのバイアスのところで、私たちは「自分は正しい」と思いたがるというバイアスを見てきました。実はそれは、対人認知の際にも顔を出します。まずはわかりやすい期待効果について見たあとに、第4章で扱った確証バイアスの対人認知への応用を見ていきましょう。

†期待効果――期待が人物認知をゆがめる

自分が学生であると想像してみてください。中学生か高校生くらいです。新年度、新しくクラス担任になる先生について、噂をいろいろ聞いています。それによると、新しい先生はどうやら優しい人のようです。

「よかった」とあなたはほっとし、初めてのホームルームの時間に出席します。朝の授業の開始前に、担任の先生からの連絡事項などを直接聞く時間です。新しい先生が入ってきました。若々しくフレッシュで、物腰の柔らかさを感じます。新年度の挨拶、新学期からの注意事項……、今日は新年度初なので事務連絡が多かったですが、わかりやすく、丁寧な話し方のなかに優しさが感じられました。ホームルームの時間があっという間に過ぎたように思い、一日の良いスタートが切れた気がします。

あなたは「いやあ、新しい担任の先生、優しい人でほっとしたね」とクラスの友人に話しかけました。あなたも社会的妥当性（第4章を参照）を求めているのです。

しかし、友人は「思ったほど冷たい人でなくてよかった。けど、やっぱり優しいというほどでもなかったんじゃない？　さっきの、新学期の過ごし方の注意の仕方も、けっこう厳しそうだったし」という意見で、あなたは思ったほどの社会的妥当性は感じられませんでした。

あなたと友人は同じクラスで、同じ先生のまったく同じ言動を見ていました。あなたは「あれ、あれで優しくないなんて意外だなあ。まあ、人によって見方は色々か」と思いました。

たしかに、人によって見方は色々ですが、その原因の一つは、あなたと友人が事前に持っていた期待かもしれません。あなたは事前に新しい担任の先生は「優しい人」という噂を聞いていましたが、友人は「冷たく厳しい人」と聞いていたことが原因かもしれないのです。

そのような状況に関して行われた実験があります（Kelley, 1950）。この実験は、大学三年生に担当講師の印象を尋ねたものでした。担当講師はその日初めて学生の前に登場した人物で、実験者が講師を紹介しました。簡単な紹介のあと、講師について紹介文を学生に配布し、黙って読んで話し合わないように、という指示を与えました。

その紹介文には、講師はＭＩＴ卒の26歳の経験豊かな講師であることの他に、「かなりあたたかく、勤勉で、批判力に優れ、実務をこなす能力があり、意志の強い人であると人から思われています」と書いてありました。

ただ、実はこの紹介文は全員に同じものが配られたわけではなく、一部の紹介文では「かなりあたたかく」の部分が「かなり冷たく」とされていました。

その後、紹介された講師は授業を行いました。もちろん、すべての学生は同じ授業を同じ教室で受けました。授業終了後、講師の人物評定をしてもらうべく、学生には15項目の質問に答えてもらいました。その結果、「あたたかく」という紹介文を読んだ学生は、講師を思いやりがありフランクで、社交的で、人気があってユーモアのある人であると回答したのに対し、「冷たく」という紹介文を読んだ学生は、自己中心的で形式張っていて、人付き合いが悪そうで、人気がなさそうで、ユーモアがなさそうという回答をしていました（統計的に1％水準で差があった項目）。

人物認知において、その人が「あたたかい」か「冷たい」かということは、中心特性の一つとされています。周辺特性よりも人物の印象に決定的な影響を及ぼすのです（Asch, 1946）。

講師に会う前に、学生がどちらの中心特性を頭に入れていたか、すなわち事前に講師に対してあたたかい人だと期待していたか、冷たい人だと期待していたかによって、まったく同じ人物のまったく同じ行動を見ても、印象評定はかなり異なるものになりました。

このように、私たちは、人に会う前に自分が持っていた期待というフィルターを通して、新しく会う人物の印象を作っていると言えます。新しく出会う人に対して、身近な人が良い期待をあなたに植えつけてくれるのであれば、あなたの人生には良い人が多くなるでしょう。それに対して、その逆も真であることが、この実験で示されていると言えます。

そして、事前の期待はあなたの評価として結実したあと、実際にその人物と会話したりするなどの相互作用をすると、相手の行動に対する評価として表れてくるのです。

次の節では、確証バイアスがそのような相手の行動を引き出すという実験を見ていきましょう。

†対人認知での確証バイアス

私たちには確証バイアス（正事例バイアス）があることを、第3章と第4章で見てきました。私たちは周囲のことや自分のことに関して、自分ではそれと意識しないうちに仮説を持ち、その仮説に合致した事例を見つけます。そして、自分の仮説が正しいことを確認するのです。

確証バイアスは他者に対しても発揮されます。それが対人場面の確証バイアスです。私たちは、初めて会った人の見た目や動作、あるいは他の人から聞いていた噂などで、その人の性格に関して予想を持つことがあります。予想があると、自分ではっきりと意識しないうちに、予想に合致する行動を見つけようとします。その際に、自分の仮説にあった回答が出そうな質問をして、それを引き出そうとします。

その問題に関して以下のような実験が行われました（M. Snyder & Swann, 1978）。

この実験では、58人の大学生の実験参加者を集め、「人が互いを理解するようになる過程の研究」に参加してもらうと説明しました。そして、実験者は「隣の部屋で待機している人がいて、その人の性格について説明したカードを見せる」と言いました。そして、参加者には性格の説明文が提示されました。

ここで全員に同じ説明文が提示されたのではなく、参加者の半分には隣の部屋にいる人についての外向的な性格の説明文が提示され、残りの半分には内向的な性格の説明文が提示されました。参加者の誰がどちらの説明文にあたるかは、ランダムに決められました。

参加者は説明文を読んだあとで、「他者の性格について人にインタビューするときによくある26の話題領域」として、26種類の質問文を見せられました。26問のうち11問は外向的、10問は内向的、5問はどちらでもない質問でした。外向的な性格に関連する質問としては、たとえば「パーティーで盛り上がりたいと思ったら何をしたいですか？」「新しい知り合いをつくりたいと思ったらどうしますか？」といったような質問がありました。一方、内向的な性格に関わる質問としては「もっと積極的になれればと思うのはどんな状況ですか？」「他の人に対して心を開くことを難しくする要因は何でしょうか？」という質問がありました。この質問は紙に書かれたものを実験者が実験参加者に配布しました。

その結果を統計的に分析したところ、先に示された説明文が外向的か内向的かによって、あとで選択される質問ははっきりと違うことがわかりました。このあと会う人物が外向的だという説明文を読んだ人は外向的な質問を選択し、内向的だという説明文を読んだ人は内向的な質問を選択しました。

このように、私たちはこれから会う人がどんな人かの仮説を持っていると、その仮説を確証できるような質問をより多く選んで、その人に質問しようと考えるのです。そのような質問で得られる回答は当然、その仮説に合ったものになります。

この研究では、そのような質問を向けられた人は本当に質問されたような性格の人として行動するようになるのかという実験も行われました。

この実験では、80人の参加者が2人ずつ、40組のペアになりました。ペアの片方は「インタビュアー」でもう片方は「インタビューを受ける人」です。

40人の「インタビュアー」のうち、20人には相手の「インタビューを受ける人」が外向的かどうかを見るように教示しました。残りの20人の「インタビュアー」には、ペアの相手が内向的かどうかを見るように教示しました。

それに対して、インタビューを受ける人のほうは、オープンマインド（先入観や期待などを持たずに柔らかい心で相手を受容する態度で話を聞き、聞かれたことには不必要な隠し立てをせずに率直に回答する態度でいること）で率直にインタビューを受けるように、とだけ教示されました。

この実験の結果で、「インタビュアー」は自分が持っていた仮説にあった質問を選択してペアの相手に尋ねたことが確認されました。これは前の実験と同じです。

それだけでなく、そのインタビューを受けた人の発言だけを、あとからまったく別の12名の学生に聞かせて発言者の性格を評定させたところ、意外なことがわかりました。内向的だという仮説を持った相手にインタビューを受けた人は内向的であると評価され、外向的だという仮説を持った相手にインタビューを受けた人の性格は外向的だと評価されたのです。

この12名の学生は男女半々で、この研究の目的やインタビュアーが持っていた仮説についてはまったく知らされていませんでした。このように、話を聞く人がどう思っているかによって、聞かれたほうの行動が、はたから見ても変わるのです。

ここからわかることは、人に対する事前の仮説が、相手の行動をも変えてしまうということです。私たちは、自分が相手のなかに見たいと思う性格や行動を、相手に見てしまうのかもしれませんし、相手も自分がそのなかに見たいと思った性格や行動を見せてしまうのかもしれませんね。

†基本的帰属の誤り

私たちは、身の回りの人の行動の原因について、よく考えたり話したりします。職場の行き帰りに見かけるあの人がよく挨拶をしてくれるのはなぜか？　お母さんが誕生日のプレゼントを買ってくれなかったのはなぜか？

こういったことについて、私たちは「あの人は愛想が良いからだ」「お母さんがケチだったからだ」などと考えます。が、実際にそうだったかは、本人に聞いてみないと（あるいはもしかすると、本人に聞いてみても）わかりません。

しかしそれでも、私たちは「愛想の良さ」「ケチという性格」といった、人の内的属性に原因を求めようとします。これが「基本的帰属の誤り」（Ross, 1977）です。

「これが誤りだって？　当たり前のことじゃないの？」と思われたかもしれません。しかし、よく挨拶するあの人は、もしかすると人に挨拶をした数に応じてお金をもらっていたのかもしれません。誕生日にプレゼントを買ってくれなかったお母さんは、あなたの進学費用を貯金していたのかもしれません。このように、外的要因による行動の原因がいくらでも考えられるのに、私たちは性格や意見や社会的態度などの内的要因こそがその人の行動の原因であると信じて原因帰属し、他の要因を考えないことがよくあります。

これは、あまりにも広く見られるので、社会心理学者のロスはこれを「基本的帰属の誤り」と呼びました。

私たちはこれを、個人の行動だけでなく、多数の人の集合についても当てはめて説明しようとします。たとえば、昔、就職できずにフリーターになる大卒者が増えた時期がありました。今よりずっと、大卒後は就職するべきという考えが強かった頃です。もともとフリーターという言葉は、卒業→正社員として就職、という流れにあえて乗らずに主体的に別の生き方を選択する人のことを指していました。しかし、景気が悪化するとともに企業が新卒の正社員の採用を抑制し始めると、就職を希望しつつも就職活動がうまくいかず、不本意ながら正社員とならなかった人たちが増えていきました。大卒非正規雇用という外面を見ると元来のフリーターと同じであるため、一括してフリーターと呼ばれました。やがてその数が増え、問題視されるようになりました。この現象が始まった頃、「今の大学生は働く意識が弱いのが原因だ」というふうに主張されることもありました。しかし実際には、景気悪化によって企業が人件費を削るために新卒採用を抑制したり、働きがいのある職が減ったりしたことが原因でした（玄田、2001）。

このように、マクロな要因で説明されるべき事柄であっても、私たちは個々の人間の「意識」などに原因を求めがちです。このような文脈で一般に使われる「意識」という言葉は心理学的な意味での意識であることはほとんどなく、「考え方」といった言葉の言い換えであることがほとんどです。その背後には、考え方が行動の原因になっているという素人理論があります。したがって、「意識」を過大に重視する議論は、人の考え方、つまり社会心理学的にみると内的要因に過大に原因を求める議論と言えます。これは基本的帰属の誤りの典型的な例です。基本的帰属の誤りは非常に強力なバイアスなので、「意識改革が必要」という意見に出会ったら、まず「この論者は基本的帰属の誤りを犯していないか」と疑うようにしましょう。

†一貫性バイアスと暗黙の人格理論

以上のように、私たちは人の行動の原因が内面にあると考えがちです。それに加えて、人の性格や考え方は、時や場面を通して一貫していると考える傾向があります。それが

「一貫性バイアス」です。

たとえば、よく知っている大事な人を一人思い浮かべてみてください。家族であったり、恋人であったり、いずれでなくともとても親しくしている人です（社会心理学では「重要他者」と呼ばれます）。そういった人の性格は、最近会ったときも、一年前に会ったときも同じだったでしょうか？　そして、また会えるとしたら、一年後、二年後でも同じでしょうか？　その人が、あなた以外の人と会ったときにも、あなたに会うときと同じような性格の人として立ち現れるでしょうか。

こういった質問に「はい」と答えてしまうのが普通です。しかしその人の立場からすれば、相手によって適切な対応を考えて行動を変えているのかもしれません。私たち自身のことを振り返ってみるとわかりますが、場面に応じて行動を変えることはよくあります。たとえば、学校の仲間の前ではそこでうまくやっていくために、その場で求められる「キャラ」を演じるかもしれません。つまり、お母さんの前では良い子に振る舞う一方で、仲間内では勇敢に振る舞ってみたり、お調子者として振る舞ってみたりするかもしれません。そして仲間内での振る舞い方は、仲間の状況や雰囲気に応じて変わっていくかもしれません。

このように、私たちは自分のこととして見てみれば、振る舞い方や行動が相手や状況によって変わることを知っています。ですが、他人の行動を理解するにあたっては、相手は一貫した性格を持っていて、その性格のもとにいろいろな時や状況を通じて同じように行動していると考えがちです。

私たちは、人の性格について「暗黙の人格理論」というものを持っています（Bruner & Taguiri, 1954）。暗黙の人格理論では、行動の原因となるものが個々人のなかに一貫して存在し、時間や場所や状況が異なっても同じような現れ方をすると考えます。そしてその原因のなかには、「社交的な人は善良で温かいはずだ」というように性格特性として同時に起こりやすいものと、両立しにくいものがある（たとえば誠実さと冷酷さは両立しにくい、など）と私たちが考えているとされます。私たちのそのような考えは人生の経験に沿って、特に体系だったかたちではなく作られていきます。そして、普段は意識されたり議論されたりすることはないので、「暗黙の」と呼ばれています。

これは一種の行為者観察者バイアスといえます。行為者観察者バイアスについては第4章で、自分自身が行為者となる場合と自分が誰かを観察する場合とでは、見え方がまったく違うということを紹介しました。一貫性バイアスでは、自分は場合や状況、相手に応じて行動を変えているにもかかわらず、自分以外の誰かについては、その人はその人の性格のもとに一貫して行動していると考えるのです。

この傾向が強すぎると、先に挙げた基本的帰属の誤りと同じような誤りを犯す可能性があります。つまり人は状況によってある程度柔軟に行動を変えているのに、私たちは自分の目の前のその人がすべてであると考え、自分以外の人の前や自分が見ていない状況でも、自分が見ているときと同じような行動の仕方をしていると考えるのです。

このようなことを考えても普通は害のないことが多いでしょうが、裁判の判断者（裁判官や陪審員、裁判員）がすると、そうとも限りません。判断者が証拠ではなく「被告人はこういう性格だからこう行動したに違いない」という推測で判断してしまうことにもなりかねません。

アメリカの裁判官は、暗黙の人格理論をはっきり知っていたわけではないかもしれませんが、裁判においては、性格に関する情報から行動を推測してしまいがちであることを知っていたのでしょう。そのため、被告人があるときにある行動をとったことを証明する証拠としては、被告人の性格に関する証拠を裁判に出すことは許されないとしています(Saks & Spellman, 2016)。そのため、裁判ではこの点で性格についての考え方が、私たちの日常的な感覚とは異なっています。これは、裁判に関わる人々が性格証拠についての危険性を経験として知っていたからだろうと思います。

逆に言うと、それだけ私たちは人の行動は内的な一貫した何かから生まれるものだと考えたくなるということでもあります。しかしそれは、アメリカの裁判のルールに反するだけでなく、性格が人の行動を説明できる割合はとても小さいという心理学的な知見にも反するのです。

†ネガティビティ・バイアス

「この世は憂き世」と言われることがあります。私たちの生きている今の世の中というのはなかなか辛いことが多いなあという嘆きとともにこの世を見る見方です。

そのように感じてしまうとき、私たちの周りにいる人たちがあまり好意的でない存在のように思えることもあります。ただそれは、私たちの見方のほうに原因があるのかもしれません。それを表しているのが「ネガティビティ・バイアス」（Hamilton & Zanna, 1972）です。

私たちが他者に関して印象を形成するには、いろいろな種類の情報を統合する必要があります。ある人の行動に関する情報にも、社会的に見て望ましい行動と、望ましくない行動の両方が入っていることが普通でしょう。そうすると、社会的に望ましいかどうかという観点からその人を捉えようとするためには、相互に矛盾する情報を頭のなかで統合し、一つの印象として形成する必要があります。

矛盾する情報をそのまま頭のなかに入れておくことは困難です。したがって、いきおい、どちらかにかたよった状態で選別され、頭のなかにしまわれることになります。そのときにネガティブな情報のほうがしまわれやすいことを示したのが、ネガティビティ・バイアスです。

対人認知の研究者として有名なフィスクは、これに関して著名な実験を行いました（Fiske, 1980）。この実験でフィスクは、ある人物のさまざまな行動を写した写真のスライドを実験参加者に見せ、そのあとで実験参加者にその人物の印象を評定させました。

スライドのなかの行動の社会的な望ましさはいろいろで、高いものも低いものもありました。この実験ではスライドに写っている行動の社会的な望ましさが高いか低いかと、実験参加者がスライドを見ている時間（注視時間）の長さが測定されました。

その結果、いちばん長い時間をかけて見られていた行動は、社会的に最も望ましくない行動でした。それに対して社会的望ましさのやや高い行動が、いちばん注視時間が短かったのです。社会的に望ましくない行動と、社会的な望ましさがとても高い行動の注視時間はその中間でした。

この実験からわかることは、私たちが人の行動を見るときに、社会的にきわめて望ましくない行動をよく注視するバイアスがあるということです。

だれしも、社会的に望ましい行動をすることもあれば、そうでないこともあります。私たちが、他者のさまざまな行動のうち、社会的に特に望ましくない行動にばかり注目していると、他者というのは社会的に望ましくない行動をする、良くない人物であると考えることになるでしょう。それが積み重なってくると、この世は憂き世であると考えがちになってくるのかもしれません。

では、この世の人間が良くないものであると考えるリスクを冒してでも、そういった行動に注目してしまうのはなぜでしょうか。それは、社会的に望ましくない行動というのは、その人物に関する情報として大きな価値をもっているからだと説明されています。

というのは、社会的に望ましい行動というのは、そうした行動をとる人にとっても利益があります。人から非難されることなく、安全に社会を生き延びることができるからです。したがって、本当はあまり望ましくない性格を持つ人であっても、自分が生き延びやすくなるために、表面的には社会的な規範に従って、社会的に望ましい行動をとることがあると考えられます。

それに対して、社会的に望ましくない行動というのは社会における規範に反し、他者から非難されたり、場合によっては排除されたり危害を加えられるおそれがあります。

そう考えると、自分に不利益が降りかかるかもしれないのにあえてとっているのが、社会的に望ましくない行動、特に社会的にきわめて望ましくない行動なのです。これにはたとえば道徳的にも強く非難される法律違反の行動などが考えられます。

そして私たちは、その人が、不利益が降りかかるかもしれないのにあえてそのような行動をとったところに、その人の性格が表れていると考えます。このような推論を可能にする、社会的にきわめて望ましくない行動は他者についての情報として価値が高いと考えられます。

したがって、私たちは他者の社会的にとても望ましくない行動に注目して情報を収集し、印象形成をするようになっていると考えることができるのです。

✝ミスアンスロピック・メモリー

人に関してネガティブな方向で認知することは、情報を取り入れる場面だけで起こるのではありません。記憶にもそれが現れます。

私たちは人との相互作用についてさまざまなことを記憶しており、その記憶をもとに周囲の人の性格を推測したりしています。他者の行動を思い出す際に、ポジティブなことよりもネガティブなことのほうをよく思い出すというのが、「ミスアンスロピック・メモリー」です。

これは日本語では「厭世人間観に基づく記憶」と呼ばれています。つまり、この世は嫌なものだ、という見方に基づく記憶ということです。私たちの記憶にこのようなバイアスがあることを示した実験に、次のようなものがあります（Ybarra & Stephan, 1999）。

この研究で著者たちは、四つの実験を通じて、人が他者の行動の原因を状況に帰属するか、その人物の性格に帰属するかを示しています。この論文の実験4で著者たちは、実験参加者に架空の人物の行動を描いた短文を読ませました。その文章は、架空の人物の行動を描いた部分と、行動の原因について書かれた部分からなっており、その行動にはポジティブなものとネガティブなものがありました。

ポジティブな行動について書いた文章とは、たとえば「その会計士は施設で暮らす子どもたちを週末、サーカスに連れていった」といったものです。ネガティブな行動は、「その配達員は賭けポーカーで貯金をすってしまった」というようなものです。

行動の原因についての文章は、その行動がその人物の性格に由来するように描くもの（内的な帰属状況）と、状況からやむを得ずそうしているように描くもの（外的な帰属状況）の2種類がありました。

行動者の性格が原因になっているように描いてある文章とは、たとえば、「その会計士のビジネスパートナーは断ったが、彼は週末を使って自発的に手助けしました」というような文章です。

それに対して、状況が影響したように書いてある文章とは、たとえば「その地域でビジネスをしている企業は、コミュニティに対する善意を示すために、近くの施設で暮らす子どもたちを週末に連れ出していた。そういった企業で働く従業員は、6か月に1回、子どもたちを週末どこかに連れていくよう求められた」といったようなものです。

そして、社会的に望ましい行動と望ましくない行動、外的（状況）な帰属と内的（性格）な帰属という2つのパターンを掛け合わせて4つの組み合わせを作ったときに、そのうちのどれが記憶に残りやすいかを調べたのです。

その結果、望ましい行動の原因が状況にあるとされたときと、望ましくない行動の原因がその人の性格にあるとされたときに、それらの文章をよく思い出すことができました。

それとは逆に、望ましくない行動の原因が状況にあるという文章の組み合わせや、望ましい行動がその人の性格からきているとする文章の組み合わせは、記憶の成績が良くありませんでした。

このように、私たちは人がとった行動の原因を考えるときに、良い行動はその人が自発的に行ったものではなく、悪い行動はその人が自発的に行ったと考えられるようなときによく思い出せるのです。

この理由は、ネガティィビティ・バイアスと同じように、他者から批判や反発の恐れがあるにもかかわらずあえてとった行動には、その人の性格や考え方などの傾向性がよく現れると考えられるからです。そう考えると、社会的に望ましくない行動や周囲からの反発を予想しながらあえてとった行動は、やはりその人について知るための重要な情報源であると考えられるのです。これは第1章で出てきた考え方と同じです。人間は集団のなかで生きていく以上、他者からの非難や排除といったインフォーマルな制裁を、行動を規定する要因として重視していると考えられます。

†パーソン・ポジティビティ・バイアス

ネガティブな話が続きましたが、その反対もまたあるというのが「パーソン・ポジティビティ・バイアス」です（Sears, 1983）。このバイアスはその名の通り、人がポジティブな特性を持っているように見えることです。

期待効果について説明したところで、人はこれから会う人物の性格について期待を持っていると、その期待に沿った言動に注意して印象形成をするという現象を見ました（168ページ参照）。

このように、他者を認知する際に期待を持っていると、その期待に添った性格を他者が持っていると認知しがちになります。また、それだけでなく172ページで見た実験（Snyder & Swann, 1978）では、「これから会ったインタビューする人は外向的な人だ」と暗示されてからインタビューした人は、外向的な人にふさわしい質問を選んで相手に尋ねました。その結果、インタビューの相手から外向的な人にふさわしい反応（回答）を得ていました。さらにその実験では、インタビューを受けた人の発言だけを取り出して第三者に聞かせたところ、第三者もその人が外向的な人であると判断していました。

このように、他者がどのような人物であるかに関して私たちが持っている仮説は、その他者に会ったときの私たちの行動に影響を与えます。そして、その他者は私たちの行動に反応するかたちで行動します。その結果、私たちが最初に持っていた仮説に合うかたちの行動をとります。そのようにして、私たちは自分の持っている仮説通りの人物との人間関係を体験するのです（さらに、私たちには「基本的帰属の誤り」があるので、私たちの仮説に沿った行動をとった相手に対して、「相手がそのような性格だからだ」と考えがちになります）。

パーソン・ポジティビティ・バイアスは、私たちが初めて会う人に対してポジティブな見方をするというバイアスです。ただ、そういった期待を持っているならば、相手と実際に良い相互作用を行うことができ、良い関係を体験します。その結果、バイアスが強化され、維持されるのです。

私たちは普通、周囲の人はまずまず良いものだと思っています。それはそれまでの人生の体験に基づいています。体験に基づく期待を持って初めての人にも接するので、周囲の人とそこそこ良い相互作用を実際に体験します。

実際に私たちが出会う人には、良い人も多いでしょうが、こちらが期待するほど良い人でない人も混じっています。しかし、バイアスにより期待で目が曇《くも》ってそれを修正できないと、そうした人が良くない人であるとなかなか正しく認知できなくなります。

良い期待を持って他者に接することは良い人間関係を体験するもととなりますので、この世を生きやすくするうえで大事な要素だといえます。ただ、それが私たちの目を曇らせる可能性があるということも頭に入れておく必要があるでしょう。

2　見た目と特性

社会心理学で教えられることの一つに、人の見た目は印象形成において大事だということがあります。「人は見た目によらない」と俗諺《ぞくげん》で言われることがありますが、これは、私たちが普段、見た目で人を判断していて、それを裏切られたときの印象がきわめて強いことを逆説的に表現した言葉と考えることもできます。

以下では、ハロー効果、ベビーフェイス効果、見た目からの社会経済的地位の推測について見ていきましょう。

†ハロー効果――見た目よければすべてよし

芸能人には美男美女が多いですね。また、性格が良くてお金を持っていて、さまざまな面で成功しているように感じられます。それは、彼・彼女らが私たちに夢を売ることを仕事にしていたり、芸能人として成功すると大変な収入が得られることも影響しているでしょう。

それに加えて、そうした印象を受ける私たちの側にもバイアスがあります。何か特にすばらしい特性（見た目など）を持っている人はほかの特性においてもすばらしいだろうという印象を持つバイアスが、私たちにはあるのです。

これを「ハロー効果」（Nisbett & Wilson, 1977）といいます。このハローとは、英語の「こんにちは」ではなく「光輪」（halo）のことです。キリスト教芸術に出てくる絵画を見ると、イエス・キリストやさまざまな聖人の頭の後方に白い輪が描かれていることがあります。絵に描かれた人物が聖なる人物であることを示すしるしで、これが halo です。

見た目が良いと、それが後光のように差してきて印象形成に影響するのです。しかも、それは印象を形成する人が意識をしないうちに行われます。

✝ベビーフェイス効果――童顔は守りたくなる

ハロー効果では、人が見た目によってさまざまな属性を無意識に推測することについて説明しました。見た目が印象に影響することの具体例として、「ベビーフェイス効果」(Berry & McArthur, 1986) を挙げておきましょう。これは、ベビーフェイス、つまり童顔のように見える顔を、かわいらしく信用でき、良い性格であるように認知する傾向です。

人間は、男女とも赤ちゃんのような顔に注意が向く傾向があります。そして、かわいい顔をした赤ん坊に対し、ポジティブに認知し行動します (Franklin & Volk, 2018)。つまり、より目にかけたり手をかけたりしようとするのです。これは、進化心理学的には、そのように感じる遺伝子を持つ人間（またはその近縁種）は、次の世代を育て残す確率が高くなるので生き残り、そうでない人間は遺伝子を残せなかったからだと考えられます。

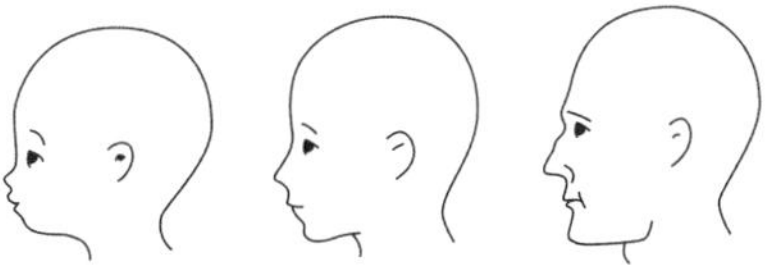
図5－1　成長過程での人間の顔の変化

赤ちゃんの顔には独特の特徴があります。円みを帯びていたり、大人に比べると、目が顔の下のほうにあったりします。また、顔の大きさに対する目の大きさの比率は大人よりも高いので、瞳がつぶらなように見えます。

ベビーフェイスと言われる人は、こういった顔の特徴を持っている人です。そういう人を見ると、私たちに備わった心の仕組みとしてケアしたくなる気持ちが起きるのです。

†見た目から社会経済的地位を推測する

人を見かけで判断することが多い私たち。その見かけは、物理的、身体的なものだけではなく、社会的、抽象的な見かけも関係があります。それはいわゆる「属性」というものです。たとえば、職業（Crowther & More, 1972）や収入の多さといった、見かけからはすぐにはわからなそうなものも、バイアスを生み出す源になっています。

それだけでなく、私たちは実は見た目から見えない属性を推測し、印象形成に使用しているのです。たとえば、顔のわずかな手がかりからその人の社会階層を推測することを示した研究があります。具体的には、魅力度、勤勉さ、積極性を評価し、それをもとに他者の所得水準などを推測し、それによって印象形成をしています（Bjornsdottir & Rule, 2017）。魅力度・勤勉さ・積極性のうち、印象形成の際に最も重視されるのが顔の魅力度です。

目に見える手がかりからその人の属性を推測することは、ある程度意味のあることです。

顔の色艶は生活習慣や食べているものを反映するでしょうし、長期的に成功するには勤勉性が必要です（Bjornsdottir & Rule［2017］では、顔写真から写真の主がどのくらい一所懸命働きそうかとどのくらい頭がよさそうかを参加者に評定させたスコアを合わせたものを、勤勉性評価としています）。長年の習慣や勤勉性は、おそらく場面が違っても発揮されるでしょうし、長期的に続くでしょう。したがって、他者を判断するのに有力な手がかりとして使用されるのです。ただ、見た目から他者の属性を推測する際に、顔の魅力度が大きく関わっているところがバイアスといえるかもしれません。

加えて、第2章で見たように私たちは代表性ヒューリスティックスというバイアスを持っています。人が持っている属性から、その属性を持っている人っぽさを判断し、それによって相手を判断しているのです。

このように考えると、私たちは他者と直接コミュニケーションをする前から、見た目やカテゴリーをもとにさまざまな判断を行っていることがわかります。実社会では、それに加えてその人に関する評判を周囲から聞き集めて判断することもあるでしょう。そういった情報は、当てになるかもしれませんし、そうでないかもしれません。

というのも、その判断は周囲からの情報なども含めたさまざまな手がかりから自分が推測したものであって、その人そのものの情報ではないからです。自分の作り上げた推測に無意識に固執する度合いが強いと、相手をそのフィルターを通してしか見られないだけではなく、実際に相手からそのような行動を引き出すことにもなるでしょう。

以上のようなバイアスを私たちがもっていることを心にとどめ、自分の判断を保留しつつ他者と出会い、他者との直接の相互交流を通じて自分で得た情報をもとに印象を形成するようにしてゆきたいものです。

†外集団等質性バイアス

著者が子どもだった頃に有名で人気があった戦隊もののテレビ番組に、「ゴレンジャー」がありました。ゴレンジャーは、5色の彩り豊かな戦闘服を着た5人組の主人公が、悪の戦隊と戦うという設定の物語です。

主人公たちの衣装が彩り豊かなだけでなく、その物語には、戦闘になる前の日常的な行動を描くシーンもありました。そのシーンではそれぞれのキャラクターの特徴や性格がよくわかるエピソードがふんだんに盛り込まれていました。たとえば、黄色は食いしん坊でしょっちゅうカレーを食べているとか……。

一方、悪の戦隊は、リーダー以外の戦闘員の衣装がすべて黒ずくめで統一されているだけでなく、行動も同じ。戦闘員は言葉を話さず、「ヒー」という叫び声とともに走ったり跳んだりします。言葉をろくに話さないのですから、個々の戦闘員の性格が描かれることはもちろんありません。

このような物語をみていると、私たちは自然と主人公たちのほうに感情移入します。主人公たちを自集団のように、悪の戦隊のほうを外集団のように感じるのです。

それに一役買っているのが、「外集団等質性バイアス」ではないかと思います。

外集団等質性バイアスとは、外集団に属する人たちの性格や社会的態度などが実際以上に似通ったものとして認知されることです（Ostrom ＆ Sedikides, 1992）。内集団に属する「私たち」のメンバーは、個人個人が別個の人として個人化され、十分詳しく認知されています。個性豊かで多士済々というわけです。

それに対して、外集団のメンバーは、個人としてではなく悪の戦隊の一員としてのみ、いわばカテゴリー化されたかたちで認知されています。カテゴリー化された認知対象は、集団の特徴をより強く持っているように感じられるのです。

「ゴレンジャー」の味方と敵の描き方は、私たちのバイアスに沿った描き方となっているので自然に味方と敵に分かれて見え、味方のほうに感情移入しやすくなるようにできています。

このようなバイアスを持っている私たちですが、外集団の人たちと仲良くなって個人化されてくると、外集団の人たちもいろいろであってそれぞれの個性を持っているということが感じられてきます。

このことから考えると、草の根レベルの国際交流が、どれほど重要なことか理解できるでしょう。お互いの国に親しい人ができることによって、個人化されて認知されるようになります。それによって相手の国の人を、その人が属する国というカテゴリーでひとくくりにして好きになったり嫌いになったりするのではなく、人と人として付き合う余地が出てくるのです。

†私たちに潜む人種のバイアス――記憶が変容する

この節では、対人認知の応用例として、法執行に関するバイアスについて触れたいと思います。その前に、まず目撃と記憶の変容について体験していただきましょう。

次ページの絵（図5－2）をご覧ください（Allport & Postman, 1947）。今から2分、時間を計ってその絵を眺めてから、次の文章に進んでください。

よろしいですか？

では、始めてください。

図5-2　オルポートたちが実験で用いた絵

二分経ったでしょうか。それでは、絵を隠して次の質問に答えてみてください。まず(1)さきほどの絵に描かれているのは全体としてどのような場面だったでしょうか。(2)2人の人物が絵の中央付近に立っていたと思います。向かって右側の人の肌の色はどのような色でしたか。向かって左側の人の肌の色はどのような色でしたか。(3)それぞれの人の服装がどのようなものだったか教えてください。(4)絵の中央付近に立っていた2人の人物は、それぞれ手に何を持っていましたか。(5)2人が持っていた凶器になったかもしれないものはそれぞれ何でしたか。

ここまでの回答を書き留めて、上の絵を見てみましょう。どうでしたか。

かなり正確に覚えていたでしょうか。それとも間違いがあったでしょうか。間違いがあった場合はどのような間違いだったか、検証してみてください。検証が終わったら次に進みましょう。

これは、アメリカの心理学者オルポートたちが行った実験です。この絵は画面の中央には2名の人物がいました。1人は白人とおぼしき男性で、もう1人は黒人とおぼしき男性です。黒人男性の手には何もありません。ただ指をLのようなかたちにしています。この絵が載っているのは『噂の心理学』(*The Psychology of Rumor*)というタイトルの本です。そのため、オルポートたちは噂の実験をするために、二人の実験参加者に、この絵について話し合わせています。

その実験で参加者が絵の内容について行った報告には、その話し合いが影響したのか、黒人の人がカミソリを持っていた、あるいはカミソリを振っていた(waving)と回答した人がいました。実際には、カミソリを持っていたのは、白人とおぼしき人のほうでした。

そのほかに、立っていた人は3人だったとか、立っていた人のうち1人は女性だった等、場面や絵を見たあとに再生された記憶には、実際とかなり違った内容もありました。

これはアメリカで行われた実験ですが、この当時のアメリカでは、今よりずっと厳しい人種差別の嵐が吹き荒れていました。

人種的偏見は、生まれた直後や幼い頃にはありませんが、その後小学生くらいまでの間にだんだんと学習されていきます（もちろん、これは心理学的な意味での「学習」で、周囲の人の言動や他者とのコミュニケーションから得た記憶を自分なりに体系化することです）。人種的偏見が学習されると、その偏見のせいで差別される対象となっている人種に該当する人も、自分自身のことを、たとえば乱暴で教養がないなどと思うようになるのです（Sagar & Schofield, 1980）。

†偏見とバイアスの違い

偏見とは、ネガティブなステレオタイプのことです。ステレオタイプとは、特定の集団に属する人たちと特性を結びつける信念のことです。たとえば、「大阪人は粉モンが好きである」というのは一つのステレオタイプです。これは特にポジティブでもネガティブでもない中立的なステレオタイプと言えます。「大阪人」という集団を想定し、その集団に属する人の食べ物の好み（社会心理学的に言うと「態度」）として「粉モンが好き」という特性があると考えること（社会心理学的に言うと「信念」）がステレオタイプになります。

英和辞典などでは、biasという語の説明に「偏見」という日本語が出てきたりと、偏見とバイアスはほぼ同じとされていることがあります。しかし、両者は別の概念で、ステレオタイプは生まれた後に経験を通じて学習され、それが心に深く根ざすと、さまざまな状況を認識したり記憶したりするときのバイアスを生むという関係にあります。そして記憶を思い出すことには、頭のなかに残った記憶痕跡（表象）をもとに、自分が見たであろうものを毎回その場で作り上げるような行動としての側面があります（Blank, 2009）。

そうすると、思い出すたびに、自分が持っているバイアスに影響されるかたちで思い出す可能性があります。特に、思い出す事柄の中心にあるものではなく、周辺的な情報はそうした影響を受けることが多くなります。

これは人間の情報処理の特性といえます。幼い頃からの学習の結果、効率的に情報を処理することと引き換えに、その情報を効率的に処理するためのフィルターがネガティブな価値観でゆがんでいた場合には、その価値観のゆがみに汚染された状況で物事を認識したり記憶したりする危険性があるのです。

人種などの差別に対する教育をする際には、人間がこのような情報処理の特性を持っていることを念頭に置く必要があるでしょう。

3　人種と法執行のバイアス

アメリカで起こった「ブラック・ライブズ・マター（Black Lives Matter）」の運動は、2020年にアメリカのミネソタ州ミネアポリスで発生した事件を契機に日本でも大きく報道されるようになりました。これは黒人男性を白人警官が捜査過程で死に至らしめた事件で、大きなうねりとなって世界を駆け巡りました。

この運動は、もともと2012年にアメリカのフロリダ州で黒人少年が白人警官に射殺された事件に端を発したものです。

このように、アメリカ社会では、黒人の被疑者が捜査過程で命を奪われることがしばしば問題になっています。これは構造的な人種差別の表れであるとして、ブラック・ライブズ・マターは反差別運動として理解されています。

警察官が法に基づいて捜査したり治安を守ったりすることは、法を現実社会できちんと機能させるために必要なことです。英語ではlaw-enforcementといい、日本語訳では「法執行」と呼ばれたりしています。その法執行の現場に人種によるバイアスがあれば、法の公正な実現は期待できません。

このような人種による差別的扱いがバイアスによるものなのかについて、さまざまな研究が行われています。そのなかから、ここでは「射撃者バイアス」「目撃証人の自己人種バイアス」「カメラ・パースペクティブ・バイアス」について紹介します。

†射撃者バイアス

容疑者が武器を持って捜査官に迫ってくる場合、捜査官が発砲せざるを得ないことがあります。ただ、捜査官が発砲できるのは危険が差し迫っている場合に限られるため、とっさに発砲するか否か、捜査官は難しい判断を迫られます。

アメリカの研究で、発砲するか否かのとっさの判断において、人種バイアスがあることが明らかになっています（Correll et al., 2002)。容疑者が白人の場合と黒人の場合を比べると、黒人の容疑者のほうが、武器を持っていないのに間違って発砲すべきだと判断される確率が高くなるのです。

この研究では、自作のコンピュータゲームを使って、参加者に白人または黒人の登場人物に対して発砲するかどうかを瞬時に判断させせました。各登場人物は、銃を持っている場合もあれば、黒い携帯電話や銀の缶などを持っている場合もありました。銃を持った相手にはただちに「発砲ボタン」を押し、武器を持っていない相手には「発砲しないボタン」を押さなければなりません。

この研究では難易度などを変えて3回実験しています。最初の実験では、武器を持っていなかった相手に間違って「発砲ボタン」を押した平均の回数は、白人の登場人物に対しては20回中1・23回、黒人の登場人物に対しては1・45回でした。制限時間を短くすると、白人の登場人物に対しては20回中2・40回間違え、黒人の登場人物に対しては3・29回間違えました。3回目の実験では、白人の登場人物に対しては20回中0・33回間違え、黒人の登場人物に対しては0・65回間違えました。参加者の大部分は白人でしたが、ラティーノ（本人または祖先がラテンアメリカ出身の人）やアジア系の参加者も含まれていました。

このバイアスを「射撃者バイアス」といいます。実験の参加者は大学生でしたが、実際の捜査官でもこれが起きるとすれば恐ろしいことです。捜査官は大学生とは違って訓練を積んでいますので、まったくこの通りであるとは思われませんが。

また、この研究の3回目の実験では、さまざまな質問への回答と射撃者バイアスに関係があるかについても調べられました。そのなかで、文化的人種ステレオタイプの強さと射撃者バイアスに関係があると報告されています。アメリカでは、黒人は暴力的だという文化的人種ステレオタイプがある、とこの研究論文の著者は述べています。そして、そのステレオタイプが射撃者バイアスに影響しているのではないかと考察しています。

ただ、人種のステレオタイプだけですべて決まってしまうわけではありません。射撃者がどのくらい脅威を感じているかも重要で、対人脅威を感じやすい人は、属する集団が自分と違うというだけで、武器を持っていない相手に対し間違って発砲することを選択する確率が高くなります（S. L. Miller et al. 2012）。この「集団」は、その場でグループ分けして作ったような即席のものであっても、社会的には意味のない基準で分けられた集団であっても、同じような結果になりました。

この研究では、対人脅威を強く感じる実験参加者は、アジア人に対しても間違って発砲を選択する確率が高まったと報告しています。アメリカ文化において、アジア人は暴力的でないと考えられているため、「暴力的な人種ステレオタイプで射撃者バイアスが起きる」という説明はこの結果には当てはまりません。人種的ステレオタイプに加えて、発砲する人がどのくらい自分を守らねばならないと感じているかが影響するようです。

†目撃証人の自己人種バイアス

裁判で重要な証拠の一つに、目撃証言があります。ところが、間違って有罪になった事件（冤罪《えんざい》事件）の原因をひもとくと、その最大の理由は目撃証言の誤りで、アメリカの雪冤団体「イノセンス・プロジェクト」（「雪冤」とは冤罪を晴らすことです）の扱った事件では69％を占めます（https://innocenceproject.org/dna-exonerations-in-the-united-states/）。それだけ、目撃証言は扱いに注意が必要な証拠です。

目撃証言は、単に見たことをそのまま証言するという単純なものではありません。なぜなら、そもそも人間の記憶が、ビデオカメラのように見たものをそのまま記録・再生するようにはできていないからです。

さきほども少し説明しましたが、人間の記憶過程では、五感で取り入れた情報を自分にとって意味のあるかたちに変換したもの（表象）をしまっておきます（符号化）。その際に、元の情報が変わったり削られたり、それまで知っていたことに内容が引き寄せられたりします。思い出す際には、表象をもとに自分が覚えていたはずのものをその場で毎回作り出して「思い出し」、言葉などで表現します。このような過程を踏むため、記憶はその対象となる情報の特徴や得意な情報処理の仕方、それまでに持っていた知識、記憶対象のどこに注意を向けていたかなどで変わるところが大いにあります。

目撃証言では、情報の入口である認知も大事です。自分と同じ人種の人物を目撃するときは容易に顔の見分けがつくものの、自分と違う人種の人の顔を見分けるのは難しいという問題があります。これを、目撃に関する「自己人種バイアス」と言います（Malpass & Kravitz, 1969）。

これに関して著名な例があります（Thompson-Cannino et al., 2009）。あるアメリカ人女性が、大学生のときに性犯罪の被害に遭いました。その際、間近で犯人の顔を見て意識的に記憶していたにもかかわらず、警察署での面通しで間違った人を犯人として選んでしまったのです。被害者は白人で、取り違えられた人と真犯人はともに黒人でした。

この事件で間違って選ばれた人（コットン［Cotton］さんという名前でした）は刑務所に入りましたが、後にＤＮＡ鑑定で無実が証明されました。そして真犯人が見つかり、有罪になりました。それだけでも稀な話ですが、さらに被害者の女性とコットンさんは、目撃証言の危うさについて二人で全米を講演して回る活動をするという、非常に希有な例になりました。

その経緯は本にまとめられました。そのタイトルの *Picking Cotton* には、複数の意味がこめられています。一つは警察で目撃者が容疑者を確認する際、間違ってコットン（Cotton）さんを選んだ（pick）という意味、もう一つは、かつて米国南部の綿農場で、アフリカから連行された黒人奴隷が綿摘み（cotton picking）の作業をさせられ、差別されてきた暗い歴史という意味です。現在も続く人種差別ですが、自己人種バイアスは、差別の意識がなくても人間の認知特性からだれでも陥る可能性のあるバイアスといえます。

†カメラ・パースペクティブ・バイアス

２０１９年６月１日から、裁判員裁判対象事件（殺人・放火・強盗致死などの重大犯罪）

を中心に、身柄を拘束された被疑者に対する取調べの全過程が録音・録画されるようになりました（一部の録音・録画はその10年ほど前から行われてきました）（警察庁、2020、第2章）。これがいわゆる取調べの可視化です。これによって、刑事裁判で、「被疑者は捜査官に無理やり自白させられた」という被告人の主張と、「被告人は自分から反省して自発的に（任意に）自白した」という検察側の主張が真っ向から対立した場合、どちらが正しいのか、裁判官や裁判員が判断するための情報が得やすくなりました。

取調べの録音・録画の必要性は長年主張されてきましたが（たとえば、渡部保夫［1986］など）、ようやく日の目を見たことになります。ただ、取調べの過程が記録さえされればすべて問題解決、とはなりませんでした。

取調べの録画の際に、どのような映像を録画するか、それが見る人にどのような影響を与えるかには細心の注意が必要であることがわかったからです。

なぜなら、私たちは映像から強烈な印象を受けるためです。その一つが、アングルです。話をする人をどのような角度から撮影するかによって、その人が自分から自発的に話しているのかどうかの印象がかなり変わってきます。

これを、カメラの視点によるバイアスという意味で、「カメラ・パースペクティブ・バイアス」（Lassiter et al., 2001）といいます。

具体的には、被疑者取調べでいうと、被疑者だけをクローズアップで映した映像は、被疑者が自発的に話しているような印象を与えます。そうすると、罪を認める供述をしている場合、自分から進んで認めたように見えるでしょう。

それに対して、捜査官だけを単独で映したり、捜査官と被疑者を横から同じ大きさに映る角度で録画した場合には、被疑者一人をクローズアップで映した映像と比べると、被疑者が進んで話をしているようには見えません。

このように、アングルによって被疑者の話し方の印象が変わります。それだけでなく、模擬裁判での模擬陪審の判断結果も変わったという報告もあります（Lassiter et al., 2002）。

この現象の原因については、社会心理学的には「誤った原因帰属」（原因を知りたくなるような現象が生じたときに原因探しをし、本当の原因とは別の現象が原因だと思い込むこと。目立つ現象を原因だと思い込むことがよくある）や、本章で取り上げた「基本的帰属の誤り」などが影響していると考えられています（Lassiter, 2010）。こういったバイアスをなくすことはできませんから、なるべく誤った判断が導かれないような録画方法と提示方法の研究が引き続き必要です。

†人種と死刑判決

射撃者バイアスのところでは、容疑者の人種によって間違って発砲する率が変わることを見ました。では刑事司法手続きにおいて、人種によってそれ以外に不利益を被る可能性はあるのでしょうか。

その筆頭として思いつくのは、まず人種によって刑罰の重さが変わるのかどうかでしょう。なかでも死刑は重大な刑罰です。その適用には厳格な公正さが求められます。

アメリカにおける死刑の適用と人種の関係のデータ分析から、両者の因果関係を統計的に見いだすのは簡単ではありません（Berk & Hickman, 2005）。マクロなデータから、人種がただちに死刑の執行の頻度を上げると結論することはなかなか難しいのです。

しかし、死刑が存置されている州のうちの六つで、陪審員になる資格のある市民445人に対して行われた実験があります（Levinson et al., 2014）。この実験では、白人の被告人と黒人の被告人を想定して、どのような刑罰を科すかを回答してもらいました。そのなかで、必要とあらば死刑を選択することもいとわない参加者は、死刑に関して人種的バイアスが強かったと報告されています。つまり、黒人が被告人の場合に白人よりも死刑を選択する確率が高かったのです。

これは実験ですので実際の裁判のケースではありません。だから本当の裁判では違う結論を出すかもしれません。また、さまざまな模擬実験をまとめて分析した研究では、人種が刑罰に及ぼす影響は犯罪の種類によることが示されています（Mazzella & Feingold, 1994）。しかし、実験には条件をそろえた場合の結果がよくわかるというメリットがあります。前の段落で示した研究のデータからは、黒人のほうが死刑を選択されやすかったと言えます（もちろん、一つの実験だけでこの結果が間違いなく正しいと断定的に言うことはできませんが）。

†刑事事件における判断への容姿の影響

刑事裁判は厳格なものです。それを適用する裁判官、陪審員、日本では裁判員といった人々は可能な限り公正であろうと努めているはずです。それは捜査や公判を担当する検察官も同様であると考えられます。

それでは刑事裁判におけるバイアスは、そのような努力によって完全に取り除かれているのでしょうか。

社会心理学的な研究の結果、身体的魅力（社会心理学では身体のうち顔を問題にすることが多いため、「身体的魅力」というと多くの場合顔がハンサムであるとかかわいいということ）が高いと、より軽い刑罰が選択される傾向があるというデータがあります。ただし、容姿を武器にして犯罪を行ったと考えられる場合は逆に高くなったことが報告されています（Sigall & Ostrove, 1975）。

以上も模擬のケースですので、実際の裁判で結果が異なる可能性もあるでしょう。しかし、被告人の身体的魅力は刑事裁判においてバイアスとして注意すべき要因の一つであるようです。

†バイアスと冤罪

ここまでは、有罪となった人が、バイアスによってその後の処遇に有利になったり不利になったりすることがあるという話でした。それでは、そもそもバイアスによって有罪無罪の結論そのものが変わることはあるのでしょうか。

「法と心理学会」という日本の学会が発行している学会誌『法と心理』では、2017年に「バイアスと冤罪」という特集を組んでいます。そこでは、無罪であるはずの事案が間違って有罪になるというバイアスが存在し、有罪無罪の判断に影響する研究例と事例が紹介されています。

たとえば、欧米で行われた「トンネル・ヴィジョン」現象の発見と対策についての研究のまとめがあります（笹倉、2017）。トンネル・ヴィジョンとは視野狭窄という意味で、重大事件の捜査に関わる捜査官が、事件を解明しなくてはならないと強く思うことによって、ある被疑者が犯人だとされやすくなる事象です。

解決を強く願うことは捜査機関の職務執行としてぜひとも必要なことですが、それによってさまざまにありうるはずの犯人像を早い段階で決めつけてしまい、他の被疑者に対する捜査が打ち止めになる危険があることが指摘されています。この対策としては、トンネル・ヴィジョン現象が起こりにくくなるようにルールを改正すること、法執行関係者に認知バイアスについて知ってもらうこと、捜査において二重盲検法（刑事事件の取調べにおいては、取調べ担当官も事情聴取対象者も、捜査機関が持っている犯人についての仮説を知らない状態で取調べを行うこと）を活用することなどが提案されています。

こうした現象を踏まえると、バイアスによって誤って有罪となっている可能性は日本にも存在していることが示唆されるのです。

自分自身の認知や生活が多少うまくいかないという程度であれば、バイアスが存在することもそれほど大きな問題にはなりません。しかし人の一生を左右する刑事裁判の有罪無罪においてこのようなことが生じているのだとすれば、放置しておくわけにはいきません。

人間の判断にバイアスがどのように影響しているのかという研究が重要な意味を持ちうるのには、このような事情もあるのです。

第6章

改めて、バイアスとは何か

1　バイアスはなぜ存在するのか

†バイアスは認知のゆがみ

この本も、いよいよ最後の章になりました。ここでは、これまで見てきた知見を振り返りながら、改めてバイアスとは何か、バイアスから逃れることはできないのか、そしてそもそもバイアスとは逃れるべきものなのかについて、考えていきましょう。

ここでバイアスとは何だったかを改めて振り返ると、バイアス、特に認知バイアスとは認知におけるゆがみのことでした。

そうしたゆがみは典型的には、私たちが住んでいるこの世界を私たちが認識する際に生じます。つまり、周囲の物理的世界についての自分の認識がゆがんでいるということです。実際に定規を当てたり角度を測ったりすると、私たちの認知と実際の物理的世界のあり方がずれていることがあります。それが典型的なバイアスです。

そして、より高次の抽象的な判断においてもずれが出てくることがあります。それを判断におけるバイアス、意思決定におけるバイアスと呼んでいました。
このようなバイアスは、どうして存在するのでしょうか。

†バイアスがあるのは生き残りのため

これまでも述べてきたように、進化心理学の観点から言えばこのようなバイアスは、それを持っているほうが生き残りに有利であったために、私たちの心に今も存在していると考えられます。たとえば、私たちには、今うまくいっているならばそれを維持する方向で考えようとするバイアスがあります。これを「現状維持バイアス」と言います（Waldman, 2018）。

意思決定における現状維持バイアスは、たとえば転職のような、大きな環境の変化を伴うような意思決定をするときに現れます。転職した場合のメリットとデメリット、転職せずに現在の仕事にとどまった場合のデメリットとメリット、以上の四つを比較して、転職した場合のメリットと転職しなかった場合のデメリットが、転職した場合のデメリットと転職しなかった場合のメリットを上回っている場合、転職するべきだということになります。

しかし実際には、メリットとデメリットをそのように冷静に比較することはなかなか難しく、現状を維持する方向、つまり転職をしない方向で考えがちです。これによって良い転職の機会を逃す可能性が高まります。これが現状維持バイアスです。

また、ものやお金の価値判断に関して、現在持っているものやすぐに得られるものと、将来得られるものや利益を比較すると、同じ価値の場合、現在すぐに手に入れられるもののほうを高く評価する傾向があります。

今の100円と将来の100円では、もし物価その他の諸条件が変わらないとすると価値は同じはずです。そう考えると、人間がものの将来の価値を割り引くのは若干不合理なように思えます。しかし、今の100円を運用すると将来の時点では100円以上になるとすれば、今の時点の100円の価値のほうが高いと判断することも合理的です。

ですが、金銭や運用といった概念が存在しない、野生の自然環境のなかで生き残る場合でも、時間割引（すぐにもらえる報酬よりも将来もらえる報酬の価値を低く［割り引いて］評価すること）は合理的な心の仕組みであったと考えることができます（小松・杉山、2011）。つまり野生の自然環境では、すべてが期待通りにいくとは限りません。食うか食われるかの戦いを常に演じている弱肉強食の世界ですから、少し待てばより有利になるといっても、待っている間に自分が食べられてしまっては意味がありません。また、状況は常に変わっていますから、今日いた獲物が明日もいるとは限りません。そのような世界では、現在自分の手の届く範囲で確実な利益を獲得して生き残りを図り、将来もっと得をするかもしれないという不確実な機会については評価を割り引いて考えるほうが合理的であり生き残る確率も高くなったと考えられます。

第2章のプロスペクト理論において、私たちが今後得るかもしれない利益のうれしさよりも今もっているものを失う痛みのほうを大きく感じるということを説明しました。このようなことを踏まえると、それは現在持っているものをなるべく維持することで、生き残りの確率を高めようとする心の仕組みなのかもしれません。

また、判断に関しては、ヒューリスティックスは、それなりにうまくいく行動をとるためにすばやく判断を行う方略でした。ヒューリスティックスはバイアスを生み出すもとになりますが、短い時間でそれなりにうまくいく確率が高い判断を導き出すことができます。したがって、摂食・睡眠・生殖など、常にある程度の時間内に行動する必要があった私たちの祖先にとって、ヒューリスティックスは生き残りに有利であったと考えられます。そして、そのような判断ができる心の仕組みを持った祖先が遺伝子を伝え、今の私たちがいるのです。

ヒューリスティック的な判断の仕方はだいたいうまくいく行動をとるためのもので、必ずしも、現実を正しく認識することを目的にしているわけではありません。そのため、認知や判断の際にバイアスがあったとしても、それによって生き残る確率が下がらなければ、現在まで伝わっているでしょう。生き残っていくうえでは問題なかったとしても、かつてに比べて発展した現代社会に住んでいる私たちにとっては、さまざまな不都合が感じられることがありますし、また単に現実や理屈に合わない認識を自分がしていることを知ってしまうと、居心地が悪く感じられるのも確かです。

以上のようなバイアスから逃れられれば、バイアスによって生じる現代社会の不都合は解消されるでしょうし、居心地の悪さを感じながら生きる必要はありません。それでは、私たちはバイアスから逃れてスッキリと生きていくことができるのでしょうか。

2　バイアスを緩和する方法

†バイアスからは逃れられないのか?

もしバイアスが望ましくないならば、バイアスに囚われずに認知や意思決定をすることはできないのでしょうか。

この疑問は、第2章でバイアス研究の巨人として紹介したカーネマンも、「よく聞かれる質問だ」と言っています（Kahneman, 2011）。

その質問に対する答えはというと、カーネマンは「あまり元気がでるようなものではない」と言っています。なぜなら、「システム1は自動的に働くものであり、私たちが思い通りにスイッチを切ったりできない。直感的思考の間違いは、防ぐことが難しいことが多い。バイアスはいつも避けることができるとは限らない。なぜなら、システム2は直感的思考の間違いを見つけるための手がかりを持っていないからだ」（英語版から拙訳）と言うのです。

カーネマンの言う「システム1」とは、人間の心の仕組みのうち自動的に働く情報処理過程のことで、ヒューリスティックスはシステム1で働き、直感はシステム1から生まれてきます。システム1では人生で経験した出来事などの膨大な記憶や感覚器などから入ってきた多数の情報をもとに短時間で判断を下したりする能力がありますが、情報処理の過程を意識することはできません。それに対して「システム2」とは、意識的に情報を処理する過程です。自分がどんな情報をどのように処理するかわかりますし、慎重に論理的に考えられます。今の心理学の通説的な理解では、まずシステム1の自動的な処理過程が働き、その後システム2の意識的な情報処理過程が働くとされています。

ヒューリスティックスによるバイアスは、私たちの思考モードのうち自動的に働くシステム1が、うまくいきそうな答えをさっと私たちに提供する際に起こるものでした。私たちは多くの場合、その答えに飛びついて（自分で飛びついているという自覚があまりなくても）判断や意思決定をします。たいていの場合、それで済んでしまうことが多いのです。

それに対して、時間はかかるがじっくり考えることができるシステム2は、うまく働くときちんとした論理的推論によって直感的思考の間違いを修正することができます。しかし、カーネマンの所説によると、ヒューリスティック的な直感的判断の間違いがどこにあるかをわかってやっているわけではないようです。

第2章では確率判断のバイアスについても見てきました。そこでの実験結果によると、確率や意思決定について専門的に学び、それだけでなく自分で研究を行っている大学院の博士課程の学生でも、簡単な確率判断の誤りから逃れることができませんでした。また、治療方法の選択に関して、専門医であってもフレーミングが引き起こすバイアスから逃れることができませんでした。

このように、かなりの訓練を受けた人であってもバイアスから逃れることは困難なのです。以上に挙げた大学院生や専門医は、単に正しい判断の基盤となる考え方を知識として知っているというだけではありません。大学院生のほうは、正しい確率判断の方法を知っていて、なおかつそれを自分のオリジナルな研究に適用できるだけの力を持っている人たちです。専門医の人たちは、病気や治療法についての知識があるだけでなく、患者から得たさまざまな情報をもとに診断を下すという確率的判断を日々繰り返す、意思決定の実践家です。いずれも、単に人から聞いて知っているだけの人より何枚も上手です。

高い知的能力と関連する情報の知識、知識の活用、問題に関してきちんと認識して考えようという姿勢（心理学では「認知欲求」と言います）、こういった事柄のいずれをとっても、大学院生や専門医は意思決定者として私たちが期待しうる人々のなかで高い水準にあると考えられます。そのような人々であっても、バイアスを逃れて意思決定をするのは困難であることを上記の結果は示しています。

以上からすると、バイアスからは基本的に逃れることはできないようです。

それでは、バイアスに関してはあきらめるしかないのでしょうか。実は希望がないわけではありません。私たちはバイアスから完全に逃れることはできませんが、それを緩和する方法についてはさまざまな研究がなされ、考案されているのです。

†意思決定の誤り？

バイアスを緩和する方法を考えるにあたって、バイアスによる意思決定の方法を、必然ではなく意思決定の誤りと捉える考え方があります。

本書でこれまで言及してきた進化心理学的な考え方では、バイアスは必然的なものだと考えます。さきほども述べたように、自然環境のなかを生き延びて遺伝子を子孫に伝えていくには、ヒューリスティックスは有用であり、それをうまく使った私たちの祖先が生き残って遺伝子を伝えてきたのだから、私たちの心の仕組みのなかにヒューリスティック的なものが残っていてそれが働くのは当然だと考えられます。

しかし、バイアスを緩和していく、あるいはバイアスをなくそうという発想からは、以上のような考えとは反対に、ヒューリスティックスを意思決定における誤りとして捉える考え方が出てきます（相馬・都築、2014）。

バイアスを緩和させる具体的方法については、それぞれのバイアスについてさまざまな提案がなされています。ここでは、個人が起こすバイアスの緩和策として「後知恵バイアス」「係留と調整のバイアス」「確証バイアス」を取り上げた後に、集団に関するバイアスの緩和策として、集団意思決定の場合を扱いましょう。

†人間の記憶と機械の記録

第3章で取り上げた後知恵バイアスについて振り返ってみましょう。これは初めて聞いたはずのことを、自分が以前から正しく知っていたと思ってしまうバイアスでした。後知恵バイアスが起こる理由として、それは私たちが自分の知識をアップデートする際の副産物であるという考え方があります（Hoffrage et al., 2000）。この考え方は、私たちの記憶の仕組みに近いので、それについておさらいしましょう。

私たちの記憶においては、外界に関して見聞きしたことを自分なりに要約し、それを頭のなかに入れておきます。これが「表象」です。

表象はその人なりの要約ですから、人によって異なります。また、すでに似たような情報を記憶に持っていると、その情報に引きずられて表象の内容が実際に見聞きしたものと変わってしまったりもします。

ものを思い出すときは、表象をもとに、そのとき覚えていたであろうことを毎回、いわば作り出すようにして思い出しています。

それに対して、たとえばスマホの動画撮影では、外界にある電磁波（光）をカメラ（レンズ＋撮像素子）で受け取ってそれを電気信号に変換し、圧縮して記憶素子に情報として格納します。

映像を再生するときには、記憶素子から圧縮された情報を取り出して展開し、それを画像信号処理のＬＳＩに送ります。そこで処理された情報を、画面を駆動する電子回路に送ると、適切な色や明るさが表示されます。

ハードウェアやソフトウェアによって記録・再生の質は異なりますが、基本的に外界に存在していた電磁波を取っておいてそれと同じような電磁波を再び生じさせるという考え方でできています。

つまり、機械が情報を記録して再生することと私たちが記憶したことを思い出すことは、仕組みが違うのです。一番重要な相違点は、私たちがものを記憶してから思い出すまでの間に、私たちの持っている情報や動機が影響を与えるということです。

†後知恵バイアスと記憶の書き換え

それではこれと後知恵バイアスがどのように関係するのでしょうか。情報がアップデートされる際に一緒に記憶が書き換わってしまうことが後知恵バイアスの原因だというのです。

すなわち、私たちが何かを判断して行動するとその結果が返ってきます。その結果によって私たちは自分の知識をアップデートします。たとえば、お母さんはお花が好きだろうと思って、機会を見つけて花を贈ってみたとしましょう。お母さんがとても喜んだ様子をしたら、その事実が、あなたが行った意思決定に対するフィードバックとなります。

この場合、喜んだという事実のフィードバックは、最初に行った意思決定を強化するでしょう。「お母さんは花が好きで、贈ると喜ぶ。適切な機会を見つけたらまた贈ろう」というかたちの知識として、あなたの記憶に貯えられることでしょう。

そのすべて終わった時点から、「お母さんに花を贈ろう」と思ったときのことを振り返って考えたとします。本当は、贈ろうと思った時点ではお母さんが喜ぶかどうかはわかりませんでした。しかし、お母さんが喜んだという事実を知った後に振り返って考えると、花を贈るという意思決定をした時点で、その意思決定はうまくいくと思っていたのだ、というかたちに記憶が修正されるのです。

「お母さんに花を贈ったら喜んだ」という事実に関する情報で自分の知識をアップデートする際に、ついでに過去の意思決定のときの記憶が書き換えられてしまう。以上のような主張がされています。

そんなことってあるの？　と思われた方もいるかもしれません。しかし、心理学の記憶の研究では、「事後情報効果」（Loftus & Palmer, 1974）という効果が知られています。これは、自分が見たり聞いたりして記憶したものについて、後から他の情報源からの情報が入ると、記憶自体が変わってしまうという効果です。この実験では、起こったことについて尋ねるときにどのような質問文で質問するかということ自体が事後情報となって、自動車事故の目撃記憶が変わることが示されています。これほどに、私たちの記憶というのは、記憶した後に得た情報の影響を受けやすいのです。

そして、後からそれに関する記憶を思い出す際には、自分でも気がつかないうちに書き換わった後の情報を最初から覚えていたかのように「思い出す」のです。これは、本人に人を騙そうとか、嘘をつこうとか、記憶と違うことを言おうなどという意図がまったくなくても生じます。

このような現象は、後測（postdiction）の一種と考えられます。「後測」とは、後から入ってきた情報をもとにして先に入ってきた情報に基づく認識を書き換え、つじつまが合うようにすることを言います。後測という言葉は、予測（prediction）から作られた造語です。「予測」が未来のことについて予め《あらかじ》（pre）言う（dicare）ことであるのに対し、後測は過去のことについて事後に（post）言う（dicare）ことを言います。

後測は、人間のさまざまな情報処理で見られる現象です。たとえば、「フラッシュラグ現象」（Nijhawan, 2001）という現象があります。動くものを見ているときは、脳は動きを予想しながら認知を行っていますが、予想と後から入ってきた実際の動きの情報とが矛盾しないように脳内で物の見え方を調整して私たちに見せるという現象です。また、後知恵バイアスに似たものでは「選択盲」の実験（Johansson, 2005）があります。参加者が2枚の人物写真のなかから魅力的なほうを選択します。その後、参加者が気づかないように実験者が写真を入れ替え、参加者が選ばなかったほうの人物について「なぜ魅力的だと思ったのか説明してください」と求めます。入れ替わりに気づかなかった参加者は、それに対して理由づけを考え出すのです。

このように、私たちは目の前の世界がそのまま見えていると思い込んでいますが、実際には脳が情報をあれこれと修正した結果を「見た」と感じているのです。

†後知恵バイアスの緩和策

では、このような後知恵バイアスを緩和するにはどうしたらよいのでしょうか。「後知恵バイアスを一掃する」という論文（Arkes et al., 1988）では、神経心理学者を実験参加者として行った実験研究の結果が紹介されています。この研究では、４８０人に郵送で質問紙を送って１９４人から回答を得ました。回答した神経心理学者のほとんどは、医師でもありました。

その医師たちに対して、架空の患者のシナリオを与えて診断してもらいました。その架空の患者は50代で、何か神経に問題があると訴えて医師のもとに来たという設定です。

その患者には飲酒の習慣があり、友達は少なく、仕事の成績が悪いため過去数年間で解雇されたことがありました。妻の訴えでは、最近その男性の記憶は悪く、彼の親が60代で同じような症状を訴えて死んでしまったことをとても気にしているということでした。

神経学的な検査では、疑いなく正常とはいえないものの概ね正常。若干皮質の萎縮が見られるが特に問題するようなものではない、という結果が得られたとしています。

以上のことを前提にしたときに、最もありうる診断として考えられるものは何か、回答を求めました。回答の選択肢は、「アルコールの禁断症状」「アルツハイマー病」「過度な飲酒による脳へのダメージ」の三つです。この三つの診断がどのくらいありうるかの確率を考えて、合計で100%になるように数値を割り振るというものでした。

この実験の条件には、後知恵条件と予測条件がありました。後知恵条件の回答者には「正しかった診断」の情報が与えられました。予測条件ではそのような情報は与えられず、判断だけが求められました。

後知恵条件に割り当てられた回答者は、さらに3分の1ずつ分けられて、3つの診断のうちのどれか1つが正しかったという情報が与えられました。すなわち、後知恵条件の回答者のうち、三分の一には禁断症状、他の三分の一にはアルツハイマー病、残りの三分の一には過度な飲酒による脳へのダメージが診断として正しかったと書いてある質問紙が郵送されたのです。

後知恵条件の回答結果を見ると、正しかったとされる診断の確率を高く評価する回答者が多くなりました。たとえば、アルコールの過剰摂取による脳へのダメージが原因と回答した回答者は、後知恵条件では平均して50％の確率で脳へのダメージが原因と回答していました。しかし、そのような診断の提示がない条件では、33％から38％という回答で、後知恵条件よりも低い確率評価しかしていませんでした。

一方、判断の理由を書かせた場合には、後知恵条件のうち「本当は脳へのダメージが原因だった」と質問紙に書いてあった場合に、回答者が脳へのダメージが原因であると回答した確率は平均して39％でした。この回答は、「正しい診断」が書いていなかった予測条件とほぼ同じ（34％から39％）でした。

この結果からすると、後知恵バイアスの緩和には、理由を考えて書くことが有効であると考えられます。

✝係留と調整のバイアスの緩和策

係留と調整のバイアスは、数値に関する意思決定をする際に何らかの数値を与えられると、それがアンカーとなってその数値に引っ張られた意思決定をしてしまうバイアスでした（64ページ参照）。

これを修正する方法が提案されています。その方法とは、事前警告と金銭的インセンティブです。事前警告は、出てくる数値に引っ張られた決定をしないように、判断の前に説明することです。金銭的インセンティブとは、正解した人にお金をあげることでやる気を上げることです。

ただし、事前警告と金銭的インセンティブはすべてのアンカーに有効というわけではありません。実はアンカーには二種類あります。「自己生成アンカー」と「他者から与えられるアンカー」です。事前警告と金銭的インセンティブが有効なのは、自己生成アンカーのほうです（Epley & Gilovich, 2005）。

他者から与えられるアンカーとは、「ガンジーは79歳よりも長生きしたと思いますか、それより短命だったと思いますか」という質問や「イエネコの走る速さの平均は時速60キロより速いと思いますか、遅いと思いますか」のようなかたちで質問された場合に質問文中にある数値のように、判断者以外の人から直接与えられるアンカーのことです。係留と調整のバイアスに関する典型的な実験は、このような質問を聞くことで行われます。

それに対して自己生成アンカーとは次のようなものです。「世界で2番目に高い山であるK2の高さは何メートルでしょうか」と質問されて、わからなかったとしましょう。そのとき、確実な知識として知っていたエベレストの高さ（8849メートル）を思い浮かべ、それを低くしていってK2の高さを推測したとします。その場合に使われる「エベレ

スト の高さ」が自己生成アンカーです。

自己生成アンカーの処理では、自分で思い出したものの数字をずらしていくという思考の過程が頭のなかで行われる点が、他者から与えられるアンカーと異なるところです。

たとえば、「ウォッカが凍るのは何度でしょうか」「エベレストの頂上における水の沸点は何度でしょうか」などの質問を使った「自己生成アンカー」の実験があります（Epley & Gilovich, 2005）。回答者は、ウォッカの質問については水が凍る温度の０℃、エベレストのほうの質問に関しては地表での水の沸点の１００℃を思い出し、それぞれがアンカーになります（実際には、アメリカで実験されたので回答者が思い浮かべたのは華氏32度と華氏２１２度ですが）。

そういった自己生成アンカーに関する質問をした際に、金銭的インセンティブを与えると、より正確になりました。この実験では「正解に近い回答をした人には40ドル分のレストラン食事券をプレゼント」と説明したところ、本当の値により近い値を回答するようになったのです。

また、アンカリング効果についての事前警告も有効であることがわかりました。判断をさせる前に、「自分で思い出した数値に判断が引きずられることがこれまでの研究でわかっています」という趣旨の説明を実験参加者に対して行い、「自分の心のなかに数字が思い浮かんだら、それを十分にずらせたと思うところまでずらしてから回答してください」といった説明をすると、自己生成アンカーの影響を小さくすることができました。それは、自己生成アンカーは自分でじっくり考えて修正していくタイプのアンカーであり、その思考の過程がより慎重になったからではないかと考えられます。

†裁判におけるバイアスの緩和策

本書では、司法におけるバイアスの話をしました。裁判では、事件という悪い結果が起きたあとに裁判官や裁判員が判断することになります。裁判官や裁判員は、裁判の始まりのほう（検察官の冒頭陳述）で悪い結果の内容を詳細に知らされます。これは裁判のやり方として、なるべくいつ・どこで・どのように起きた事件であるかを明確に特定しないといけない（刑事訴訟法256条3項）からです。民事裁判でも原告は「請求の趣旨」を具体的に明示して訴えないといけない（民事訴訟法133条2項および民事訴訟規則53条1項）ので、裁判官は悪い結果を真っ先に知らされることになります。

これは、後知恵バイアスが働く典型的な状況です。後知恵バイアスが働くと、事故や損害を起こしたほうの人（被告／被告人）に対して、「この事件のようなことになることはわかっていたはずだから、それを避けることはできたはずだ」と判断されがちになります。

法律的に言うと、過失における予見可能性の判断は、後知恵バイアスがあることで常に厳しくなっている可能性があるということです。また、刑事事件で故意の内容について争いのあるものに関しても悪い結果を知ってしまうと、「検察が示したような最悪の結果になることを認識していたはずだ」という判断に傾きがちになります。

そのため、被告（人）に対して厳しい判断がされることになります。多くの場合は多様な情報が考慮され、先例も踏まえて適切なところに落ち着くと思われますが、後知恵バイアスに引きずられてあまりにも厳しい判断になれば、その判断は公正なものとは言えないでしょう。そのため、後知恵バイアスを緩和して適切な判断ができるようにしなくてはなりません。

民事裁判を題材とした実験ですが、弁護士の主張の内容で後知恵バイアスを緩和する方策が考えられています（Stallard & Worthington, 1998）。この実験で実験者は、実験参加者に民事裁判の陪審員になったつもりで回答してほしいと教示しました。そして、架空の民事事件の損害賠償について考えてもらいました。この事件は、ある企業が、取締役に能力がなく意思決定がずさんなために、企業に損害を与えたと訴えた裁判でした。企業が原告で、その取締役が被告です。

後知恵を緩和させるために、被告側の弁護士が実験参加者に言ったことは次の二つでした。⑴原告側の弁護士の策に乗って、事件が起こった後から振り返って、事件前にこんなことができたのではないかとかあんなことができたのではないかとか色々考えないでほしい、⑵被告が実際の事件で行った行動選択について、後からあれこれ考えないように求め、被告について判断するときに後知恵を使いたくなる誘惑に負けないように、ということでした。これを最後に主張して裁判が締めくくられました。

このような非バイアス化の工夫はうまくいったでしょうか？　結論として、うまくいきました。実験参加者は、結果を知った際にも、結果を知らなかった場合と同様の判断結果になりました。たとえば、「取締役会はきちんとビジネスプランを作成していましたか？」という質問に対する回答では、事件の結果を知らされた条件（後知恵条件）の回答者では39％が「イエス」という回答だったのに対して、結果を知らされていない条件（後知恵なし）の回答者で「イエス」と答えたのは67％、結果を知らされたうえで非バイアス化の弁論を聞いた条件の回答者で「イエス」と回答したのは65％でした。この質問に対しては「イエス」と回答すると被告に対して有利な回答になります。

単に結果を知らされただけの後知恵条件では、「損害を与えて企業に裁判まで起こされているのだから、ビジネスプランの作成もいい加減だったに違いない」と判断されて「ノー」という答えが増え、その結果「イエス」の回答は減りました。それに対して非バイアアス化のための説明を聞いたときは、結果を知らされていなかった場合と同じくらいの判断をしたのです。

つまり、後知恵条件では企業に損害が発生したという結果を聞かされたために原告に対して厳しい判断が下される傾向があったのに対し、非バイアス化の最終弁論は、後知恵バイアスをかなり緩和し、右に挙げた質問ではそれがほぼない状態に持っていくことに成功したのです。

このように、かなり強力と思われる後知恵バイアスにも緩和できる方法はあります。それでは、これまたやっかいな確証バイアスはどうでしょうか。

†確証バイアスの緩和策

確証バイアスとは、仮説を検証する際に、その仮説に当てはまるような事例を探し、それが見つかれば自分の仮説の正しさが確認されたと考えてしまうことでした（100ページ参照）。確証バイアスは強力で、私たちの認識を誤らせるもとになります。そして、たとえば国家の情報機関の職員が確証バイアスに陥って認識を誤るようなことがあれば、命取りになります。2003年にアメリカがイラクに侵攻する際に大義名分としたイラクに大量破壊兵器が存在するという認識は、確証バイアスや後知恵によって情報の評価を誤ったことで起きたという指摘もあります（Jervis, 2006）。

バイアスを避ける方法として利用されているものに「構造化分析テクニック」というものがあります。これは、情報機関の職員がさまざまな情報を収集し、相互に矛盾しあるいは曖昧な情報から何が本当なのかを明らかにするためのテクニックで、人間の認知的バイアスの影響を避けるため、「診断」「反対の立場からの検討」「創造的思考」を行う3グループのテクニックからなります（The United States Government, 2009）。その3グループのテクニックのなかの「競合仮説分析」（Heuer, 2005）は確証バイアスを避けるためのものです。

競合仮説分析は、集まった情報（証拠）に関して、(1)他の仮説を考えてみること、(2)仮説に基づいてそれぞれの証拠を評価すること、(3)その証拠の評価に基づいて、それぞれの仮説がどの程度信用できるか改めて検討すること、(4)それぞれの仮説に反する証拠を参照して仮説が反証に耐えうる程度を検討しながら、もっとも信用できそうな仮説を選び出すこと、(5)将来にわたって、その仮説を確証するような指標にどのようなものがありうるか、またはその仮説を反証しうるような指標にどのようなものがあるかを明らかにしておくことをします。

このような競合仮説分析の有効性の実験報告があります（Dhami et al., 2019）。この実験には、情報分析官50人が参加しました。この実験に参加した情報分析官が実験中にとった行動を見ると、情報分析官であっても先ほどの5つのステップをすべてきちんと実践することはなかなか難しいようです。

それを前提としつつ、この実験でわかったことをまとめると、競合仮説分析を用いた参加者は、各証拠を、仮説を支持するか否かという観点から評価していました。とはいうものの、競合仮説分析を用いたグループは、自分の仮説以外の仮説（対立仮説）を見いだす確率が低かったり、競合仮説分析を用いなかった他の実験参加者と同様の判断の仕方をする側面もみられました。結果を単純にまとめることは難しいですが、期待されたほどには確証バイアスを低減させることはできなかったと言えそうです。

他の研究によっても、競合仮説分析は十分な有効性が評価されていないので、別の方法を考える必要もありそうです。

そのひとつとして、競合仮説分析の手順を改善した「Arg-ACH」という分析方法が提案されています（Murukannaiah et al, 2015）。学生20名が参加してこの方法の有効性をテストした実験の結果では、競合仮説分析よりも時間はかかりますが、意思決定の質を改善できると報告されています。

バイアスとの闘いは一筋縄ではいかず、「一掃する」というわけにはなかなかいきません。しかし、重大な意思決定の際には、バイアスを低減させる方法として試してみる価値はありそうです。

†集団で話すことによる緩和策

以上は、一人で判断するときにバイアスをいかにして減少させるかという話でした。

しかし人間はいつも一人で意思決定をするわけではありません。むしろ、重要な意思決定は、グループで話し合って行うことのほうが多いでしょう。たとえば、企業や組織での重要な意思決定は一人ではなく会議体で行われることが通常です。

一人で判断するときにバイアスに陥ることが多くても、グループで話し合えば他の人が修正してくれるかもしれません。それでは、グループで話し合うことでバイアスは低減できるのでしょうか。

グループで話し合うときのメリットとして、話し合う際には他の人の前で自分の意見を言葉で表現しなければならなくなるということがあります。人前で自分の考えを言葉で表現しようとすれば、一人で考えているときよりもじっくり考えるでしょう。これは、カーネマンのいう「システム１」と「システム２」のうちでは、システム２のほうを発動させることになります。システム２が発動されれば、バイアスやヒューリスティックスに影響された意思決定が修正される可能性が高まります。

ただ、集団で話し合う際には集団で話し合うことそのものの影響も出てくるので、それに注意しなくてはなりません。すなわち、集団で話し合う際には、一人で考えるときよりもたくさんのことを思い出せたり、記憶の間違いが修正されたり、記憶内容の分類が適切になったりするなどのメリットがあります。一方、話し合いの最中に長時間出る話題は、集団のメンバーのなかで広く知られている情報であることが多く、話し合いによって新しい情報を得ることは、普通の話し合いでは難しいことが多くなります（Stasser & Titus, 1985）。また、集団でのコミュニケーションには時間がかかります。誰か一人が発言していると他の人は発言できないために、集団で話すことで出てくるアイディアの数は個人個人が別々にアイディア出しをした場合にかないません（Diehl & Stroebe, 1987）。そして、集団での話し合いでは、ほとんどの場合で多数派の意見が通ります（Davis, 1973）。

そう考えると、集団で話し合うことのメリットとデメリットを考え合わせて適切に集団意思決定を使うことが必要そうです。

物事を慎重に考え、システム2を発動させバイアス低減を狙うなら、自分一人でも誰かに向かって発表するつもりで自分の考えを文章にするという方法が考えられます。ただし、本当に人前で話すよりもリアリティや切迫感は落ちるので、そこは割り引いて考える必要があるでしょう。

†ゲームや説明ビデオを用いた緩和策

ここまで述べてきたように、バイアスは基本的にはなくならないしぶといものです。しかし、最近コンピュータゲームや説明ビデオを見せることでバイアスを減らそうという試みが行われています。対象となるバイアスは幅広く、確証バイアス、基本的帰属の誤り、等々が含まれます。バイアスを低減するための専用のゲーム (Symborski et al., 2014) の効果とビデオによる説明の効果とを比較した研究 (Morewedge et al., 2015) では、バイアス低減の効果はゲームのほうが大きかったとのことでした。

もしこれが確実な知見と言えるなら、情報機関の分析官や裁判官、また裁判員など、集まった情報から大きな意思決定や重大な事実の認識を行うことを職務とする人は、仕事の前にゲームをしなくてはならない、ということになるかもしれませんね。

3　バイアスから逃れるべきなのか？

†人間機械論

さて、この章ではさまざまなバイアスを緩和する方法について紹介してきました。ここまでの話には出てきませんでしたが、バイアスを緩和しなくてはならないという考え方には、実は隠れた前提があります。それは、バイアスとは認知のゆがみであり、ゆがんでいることは好ましくないという考え方です。

たとえば錯視について考えてみましょう。人間が視覚を使って周囲の外界を認知する際に実際の物理的な世界の現実とずれている場合、錯視となります。錯視があることに気がつくと、私たちは自分自身に騙されたような気持ちになります。正しいと思い込んでいた、自分に見えるものの形が、実は本物の物理的形状とは違うことがはっきりわかるからです。しかも目の前に見えるかたちで、反論の余地なくわかってしまいます。

現実そのままの通りにゆがみなく認識したいと望むなら、実際には無理だとしても、錯視がなくなったらよいのにと思います。

また、抽象的なことに関するバイアスでは、たとえば確率判断や、何かを得たときのうれしさ、悲しさの話があります。もし、人間の判断が数値の理屈通りにいくのであれば、確率判断における基準率の誤りは存在しないはずですし、プロスペクト理論が設定する状況において、何かを得るときのうれしさの大きさと、同じ量のものを失うときの悲しみの大きさは等しいはずです。

しかし、実際には人間は基準率の誤りを犯しますし、同じ量のものを得たうれしさの大きさと失った悲しさの大きさは異なります。錯視ほどただちにはっきりとはわからないので、なかなか自覚することは難しいかもしれませんが……。

もし人間がこの世で生きていく際に、正確無比な認識を前提としていると考えたいのであれば、このようなずれは望ましくありませんし、なくすべきことになります。

また、以上のような発想は、人間を「劣った機械」とみる考え方につながりがちです。つまり、もし世界を正しく認識できる機械があれば、認識と実際の世界のありようのずれは起きません。それに比べると、さまざまなバイアスに冒された認識をする人間は劣っているようにみえます。したがって、人間は機械よりも劣る存在、あるいは劣った機械であると理解する、そういう発想です。確かにそのように考えることもできますが、人間をそのような存在だと考えると、機械よりも価値がないように感じられて、いたたまれない気持ちにもなってきます。

もちろん、このような捉え方に根拠がないわけではありませんが、認識の正確さだけを取り上げた一面的な評価であるように思えます。人間についての科学的なモデルを構築する際に、科学者はモデルを単純にして扱いやすくするために、自分が注目する要素以外の側面を捨象することがよくあります。たとえば人間を「生き残りマシン」とみなすこともそうです。この考え方を採用すれば、食べて寝て生殖するという生き残りに関する面以外の側面を無視することになります。ただ、実際にはそう考える研究者が人間のそれ以外の側面を必ずしも軽んじているわけではなく、研究を進めるための有効な便法として用いているに過ぎません。人間はあまりにも複雑なので、すべての面について同時に研究していくのは不可能だからです。

しかし、便法にすぎなかったはずのものが広がっていくと、やがて便法だったことが忘れられ、「人間＝生き残りマシン」というような見方が広く行き渡ることにもなります。それはたとえば経済学的人間像や進化心理学的人間像の影響の大きさやそれに対する反発を考えるとわかるでしょう。なぜ反発があるのかといえば、人間を単純化してみる方法が便法だと受け取られていないからです。単なる便法であるという理解と一緒に伝わらないと、便法であったはずの人間理解（先ほどの例で言うと、「人間＝生き残りマシン」）が人間本性（human nature）の全体を表す真実であると誤解されたりもします。そのような受け取られ方をなくすことはかなり難しいため、たとえば人間を認知マシンと見て、「バイアスを伴う人間は劣った認知マシンである」と考える見方には副作用があるように思います。

そこで少し、視点を変えてみましょう。そもそも人間が行っていることは、自分の周囲を客観的に正しく認識することではなく、自分にとって意味のある世界認識を構築することであると考えるのです。

意味の世界で生きる

人間は、この世に生まれたときから自分自身をこの世界に投げ出し、世界とがっぷり四つに関わりながら生きています。その際には、単なる生き残りマシンとしてではなく、自分が関わる物事の意味を感じながら生きています。生きていることや自分に関わる物事に意味が感じられないと、それこそ死に至るほど悩むものです。

このように人間は、自分の身に起こったことや自分の人生などに意味を求める生き物です。ただ、意味は世界のなかに始めから含まれているわけではありません。世界自体はただそのようにあるだけであって、世界で起こったことや世界の有り様について意味を与えるのは人間だけができる作業です。

心理学における意味の研究史に関して、2020年9月10日にオンラインで行われた、日本心理学会大会の齋藤洋典《ひろふみ》氏による招待講演があります。「意味を索《もと》めて」と題されたその講演は、近代以降、なかでも特に1960年代以降の心理学が意味をどのように扱おうとしてきたかをまとめるものでした。

この時代における心理学の重要な出来事として、認知革命があります。認知革命とは、一言で言うと、人間に対する新しい見方を取り入れながら、心理学だけでなく、さまざまな領域（計算機科学、人類学、脳科学、生理学等）が協力して人間の精神活動の仕組みを明らかにしようという研究の潮流です。このようにしてできた、複数の学問分野を横断的に活用して人間の精神活動の仕組みを明らかにする研究領域を認知科学と呼びます。

心理学における一般的な理解では、認知革命によって認知科学が広く普及し、人間の精神作用をコンピュータになぞらえて理解する研究が爆発的に増えました。人間をコンピュータになぞらえるとは、次のようなモデルを使って人間の精神活動を理解するということです。入力装置から入ってきた情報を記憶装置に蓄え、必要に応じて情報処理装置で処理して、処理結果は記憶装置に保存したり、行動として外に出力するというモデルです。人間をいわばノイマン型コンピュータのような情報処理マシンと見る見方です。

この見方に基づくことで、人間の精神作用についての理解が飛躍的に進みました。その意味では大成功と言えます。ただ、人間を情報処理マシンとしてみる見方は、人間が「意味」に関わりながら生きている側面を扱うことを困難にします。人間を何かの機械とみなす、他の人間機械論も同様です。もちろん、プログラミング的に「意味」を扱うことはできますが、それは通常、さまざまなパターンを学習するプログラムであり、プログラムを実行している機械自身が本当に「意味」を理解しているとは言えません。

ただ、認知革命は人を情報処理マシンとして理解することで研究を飛躍的に進めた「革命」だとよく言われており、私もこの講演を聴くまではそう思っていました。また、最初からそれを意図したものだと考えていました。しかし、認知革命の立役者の一人であるブルーナー（アメリカの教育心理学者、認知心理学者、文化心理学者）は、認知革命は人間が意味を形成する仕組みに関心を抱いていたはずなのに、それを捨てて情報処理（計算操作）に走ったことを非難し、意味を探求することの重要性を説いています（ブルーナー、1999）。そして、フォークサイコロジーや物語ること、文化心理学の重要性を主張しています。その主張は心理学に意味を取り戻せ、ということだったのです。

†心理学に意味を取り戻す

フォークサイコロジーとは、「民族心理学」もしくは「素朴心理学」と訳され、心理学者ではない人びとが人間の精神や行動について説明し予測するためにもっている知識、信念、およびそれらを独自にまとめ上げたものを指しています。それは人間社会における文化を成り立たせ、また人びとが文化のなかにさまざまな物事を位置づけることで意味を生み出すもととなっています。ヴィルヘルム・ヴントは人間の精神の問題に実験という手法を持ち込んで近代の科学的心理学の礎を築いたいわば近代心理学の父ですが、同時に社会制度が人間の精神に与える影響の大きさを認めて「民族心理学」を重視しました。しかし、心理学のなかで、実験で客観的に検証可能な行動のみが人間の精神を説明するために重要で、人間の本性は条件反射や動因の連鎖にすぎないと考える徹底的行動主義者（B・F・スキナーなど）からは、文化や意味というものをまとった民族心理学は徹底的に批判されました。その背後には、他の民間学問が科学に取って代わられたように、心理学においても素朴心理学ではなく科学的心理学こそが人間行動について説明することができるという考え方もあったように思われます。

さて、話を元に戻すと、私もこの講演のはるか前の大学院生のときにブルーナーの『意味の復権』を翻訳で読んでいました。しかし、認知革命に関する思い込みがあったので、ブルーナーの主張の大事な点がタイトル通り「意味の復権」にあったことを十分理解していませんでした。まさに、バイアスです。

他に、やはり認知革命の立役者の認知心理学者で、アップル社のヒューマン・インターフェイス・ガイドラインの策定に関わったドナルド・ノーマンも、認知革命が意味を扱わなくなったことを否定的に評価しています。

現在、科学的研究とは可能なかぎり意味のような主観的要素を排除して「客観的に」行うべきだという考えが広く行き渡っていますが、それは一つの考え方に過ぎないのです。

そして、人間を知る際に意味を排除することで、人間理解に支障を来すことがあるということです。

私たちはさまざまなことを考えます。なぜ自分はこのように生まれてきたのか。さまざまな事故や災害、病気に遭ったとき、なぜほかならぬ自分に、あるいは近しい人たちに、そのようなことが起きたのか。なぜ、自分の努力は報われたり報われなかったりするのか。私たちはこういった問題について、自分なりの回答をし、意味を見いだしながら生きていきます。

意味を付与する作業は人間自身が行っていかねばなりません。そして、人間が自分で見いだし付与した意味を作っていくことで、自分がどのような世界に生きているかを了解していくものと考えられます。そう考えると、私たちがさまざまなバイアスをともないながらも、周囲の物事や自己や他者を認識するのは、世界から自分なりに意味を紡ぎ出している努力であると言っていいかもしれません（私たちが自分に都合よく考えがちなのはそのせいかもしれません）。

たとえば、この世は自分にとってどのような場所であるのか。安全か、危険か。食べ物を与えてくれるのか、それはどこへ行ったら与えられるのか。自分にとって近しいあの人は、自分にとって安心できる人か否か、あの人との関係は自分にとってどのような意味があるのか。世界は、正しい人が正しく報われるのか、あるいはそうでないのか。事件や事故が起きた原因は誰にあるのか。なぜそのようなことが起きたのか。

そういったことについて、あらためてきちんと考えたことがなく、感覚的なものであるにせよ、私たちは自分なりの見方を持っているでしょう。多くの場合、それに沿ってさまざまな認知や推論を行い、物事や人物の行動を意味づけ、理解していきます。そう考えると、バイアスに対して少し違った見方ができるようになるのではないでしょうか。

†意味を紡ぐ存在としての人間

すなわち、私たちが自分にとって意味のある世界認識を、自分自身の五感からくる情報などを手がかりとして作り出していくときの癖が、バイアスであるといえます。それが自分の都合のいいようにゆがんで見えるものであったとすれば、それは私たちが世界や他者や、あるいは自己を、自分にとって良い意味のあるものとして認識したいという方向性の表れなのかもしれません。

バイアスをこのように捉えてみると、ブルーナーが認知革命で行おうとしたことを私たちはさらに進めていくことがきっとできるでしょう。また、私たち人間を劣った機械とみなすこれまでの見方から少し距離を置いて、健気にも意味を求めて自分なりに生きていこうとしている存在として、肯定的に受け入れられるようになるに違いありません。

ただ、現在の心理学では人間機械論が大きな力を持っています。したがって、意味の重要性をとなえる考え方は少数派です。しかし、このように物事にはさまざまな見方ができること、そしてなにより心理学における人間の見方が、自分自身を含めた人間をどう見るかに大きく影響していることは、ぜひ知っておいてほしいと思います。そしてその心理学の見方は、ここ数百年の哲学における人間の見方に影響を受けています。さらにそれは、社会学や経済学のような他の社会科学における人間の見方とも相互に影響し合っています。

少し話はずれますが、このように、いわゆる「文系」の学問は、相互に影響し合いながら、私たちの世界認識の基礎を形作っています。数十年から数百年の時を経て、それはいわゆる「常識」となっていきます。普段ただ生活しているだけではなかなか自覚することは難しいのですが、その影響は大きく、また甚大です。

近年、文系の学問は「役に立たない」という主張がなされることがあります。ですが、このような研究は、私たちがどのように世界を認識するかについての知識を提供するものでもあります。そうした知識なくしては、私たちはどのように、またどのようなものとして世界や人間を認識しているかを知ることができず、ひいては、私たちは何者で今後どのように生きるかを考える手がかりを失うことになるでしょう。

同時に、私たちが自分たちをどのように見るかということは、自分の価値を感じられるかどうかということとも関係があります。自分たちの価値を感じられずに悩んでいるとすれば、その原因は私たちの世界や人間に対する認識にあるのかもしれません。普段意識しなくても、それはかつての、あるいは現在の、人間を対象とする学問の考え方に基盤を置いているのです。

私たちが世界や人間をどう認識するかが、自分に価値があるという感覚に大きな影響を与えうることを知っていれば、自分たちの価値を下げるような考え方を選択しないこともできます。そのようにして、健全な考え方で自分自身を捉え、ひいては、他者との関係や社会のあり方をより良いものにしていきたいものです。

†たとえバイアスがあったとしても

この世で起きることには、それ自体に最初から意味がこめられているわけではありません。シミュレーション・ヒューリスティックスの研究でも見たように、一つの出来事に対してはさまざまな見方ができます。そしてそれに応じて意味を付与する可能性もさまざまに存在します。私たちは自分なりの見方で周囲の物事や人に意味づけをし、それに対して感情的・身体的反応を作り出しながら生きています。

そして、人間は現に持っている身体や思考や知識や社会的態度によって、可能な認識や意味づけの仕方に癖があるのです。これが現実と違っていたり（錯視）、理屈に合わない（基準率の誤り）と、「バイアス」と呼ばれます。そう考えると、今の「バイアス」という呼び名自体にも、辞書によっては「偏見」という日本語が訳語としてあてられてしまうことがあるように、人間の認知活動に対する否定的な価値づけを伴うバイアスがこめられているといえます（本書でも取り上げたように、偏見とバイアスは異なる概念です）。

人間がこの世をそのままのかたちでは認識していないことを知ることは有用ですが、その際にバイアスをまるごと否定的に捉える見方も一緒に取り込んでしまう必要は必ずしもありません。とりあえず保留しておくこともできます。

そのように考えると、バイアスに対してこれまでの見方とはちょっと違った見方ができるようになり、また、認知の仕方に癖を持つ人間という存在を慈しむ余裕も出てくるのではないかと思います。

あとがき

本書では、心理学におけるバイアスとは何かを解説し、バイアス研究の巨人カーネマンとトヴァースキーの業績を紹介してきました。その後、主として社会心理学的な観点からバイアスを紹介して、その応用として司法の世界のバイアスの話に触れました。最後は、そうしたさまざまなバイアスを緩和する方法についても紹介しました。

本書をここまでお読みいただいたことで、そもそもバイアスとは何か、バイアスを明らかにしてきた研究にはどのようなものがあったのか、社会心理学や司法の分野におけるバイアスの具体例について知ることができたと思います。

また近年、経営の実務に応用する目的で、バイアス研究の考え方が取り入れられています。その背景となる考え方の部分についても知ることができたのではないかと思います。そのような視点は、ビジネスや、さまざまな実務においてバイアスについての知見を応用しようとするときに、確かな基盤となるでしょう。

もちろん、本書で触れられたのはこれまで見つかったバイアスのごく一部ですし、本書で紹介したバイアスであっても、その後の研究でさまざまな進展があったものもあります（しかし、基礎となった研究を知らずにその後の展開だけ知ってもよく理解できないので、本書では古いと思われる研究例でもその後の基礎となったものは紹介しています）。

本書をお読みになり、もしバイアスについて興味を持たれたのであれば、本書で引用した論文や書籍に直接あたっていただくのがよいでしょう。論文によっては、導入の部分で関連分野の研究を懇切丁寧に解説してくれたり、他の研究のまとめ論文となっていたりして、さらに視野を広げてくれます。それが大変と思われる場合には、他のバイアスについて解説する書籍をご覧になることをおすすめします。

さまざまなバイアスの研究を知ることでわかるのは、私たちが自分の周囲の世界を認識するのはなかなか大変な仕事だということです。

私たちは生まれてから今までの間、五感を使って周囲を認識することを続けてきました。このような仕事は生まれたすぐ後から上手にできたわけではありません。生まれて間もない赤ちゃんは、周囲を見る際の視力もよくありませんし、自分の耳介の形に合わせて音が来る方向を認知するのにも慣れていません。また、そもそも自分と周囲の世界の境界がどこにあるかもわからないので、それを把握するところから始めないといけません。かつての赤ん坊はさまざまな経験と訓練を経て、今本書を読んでいるあなたのような高度な認知ができるようになったのです。

私たちは、世界のなかに座れば周囲の状況をピタリと理解できるわけではありません。視覚や聴覚や触覚等から入手した情報を取捨選択して、それを脳のなかで処理し、そのうえで自分が感じたという感覚を作り出しているのです。そのなかには、第6章で出てきた後測のように、見たものを後から脳のなかでつじつまが合うように修正することもあります（それでいて私たちは修正されたことに気づきません）。私たちは時間と労力をかけて情報を収集して処理をし、自分にとって意味のあるかたちで世界を認識しようとしているのです。

したがって、周囲の物や人を認知して、自分なりに理解し意義づける活動のなかで、現実を自分にとって都合よく理解したり意味づけをしようとするのがバイアスであると言えるでしょう。そう考えると、単なる認識のゆがみとして捉えられるバイアスが、実はこの世に対して私たちがどのように向かい合っているかを反映したものだとも考えられます。

バイアスによって無自覚のうちに差別をするようなことはあってはならないことです。人間がどのようなバイアスに陥りがちなのかがわかったなら、バイアスによって現代社会に起こる不都合な結果を避ける方策を考えるべきでしょう。

しかし、バイアスとは、私たちが祖先から受け継いだ身体と情報処理の仕組みを使いながら、なんとかこの世界でうまく生き延びていこうとする努力の（副）産物ともいえます。生物が進化して、常に変化する環境に適応するには、祖先から受け継いだ身体の形や機能を前提に、それを少しずつ変化させながらやっていくしかありません。それが、第1章で出てきた進化における経路依存性です。私たちが選択してきた道（経路）である人生を過去に戻ってやり直すことができないのと同じように、私たちの身体に今の環境では不都合な部分があっても、その不都合な身体を選択した過去の時点までもどって理想的な（情報処理のできる）身体を選び直して再び進化の過程を経て身につける、ということはできないのです。

バイアスも、与えられた条件のなかでできるだけうまくやっていこうという生命の努力の一部です。そう考えると、人間そのものがなんだかいとおしく思えてこないでしょうか。

謝辞

本書の成立にあたっては、明治大学法学部教授の堀田秀吾先生に大変お世話になりました。この本の企画は、堀田先生と著者が2005年に出会い、それ以降言語学と心理学の両方に関わる研究をするなかで生まれてきたものです。

さまざまな研究課題について議論するなかで、2012年ごろ、さまざまな社会心理学的な事象のうち、バイアスについてまとめて広く伝えるような本を新書として出してはどうかと、堀田先生が発案されたものでした。

その後、あるいは何度も頓挫し、あるいは私が個人的な事情で非常に忙しくなって本の執筆に充てられる時間がほぼなくなるなど、さまざまな障害がありました。

しかし、最終的には、筑摩書房の河内さんがこの企画に乗ってくださり、社内の会議を通してくださいました。しかも、その企画の内容として、バイアスとは何かについて、学術的なしっかりした背景をもとにきちんと述べる内容の本にしようという大変ありがたいご提案をいただきました。昨今の出版事情からすると、必ずしも売れることを第一に狙わない、中身重視の企画を通していただけたのは大変ありがたいことだと思いました。

そして私の個人的事情で執筆時間が取れなかったことも、7年以上経って事情が少しずつ変わってきました。その結果、本を書く時間が取れるようになりました。なんとか一通り原稿ができた段階で加わってくださった、筑摩書房の田所さんには、河内さんとともに丁寧に原稿をお読みいただき、どのような表現にしたらより伝えるべきことが伝わるかについて、私の意図をよく酌んで私も驚くようなご提案をいただきました。

以上のような約9年間の難産の末生まれた本書が世に出ることにはひとしおの感慨があります。本書によって、バイアスに関するバックグラウンドと基礎になる考え方が広く伝われればと思います。

最後になりましたが、日々の仕事と執筆活動を支えてくれている家族に感謝を捧げるとともに、最後までお付き合いいただいた読者の皆さんに御礼申し上げたいと思います。

org/10.14966/JSSP.30.1_11
Weinstein, N. D. (1980). Unrealistic optimism about future life events. *Journal of Personality and Social Psychology, 39* (5), 806–820. https://doi.org/10.1037/0022-3514.39.5.806
Whyte, G., & Sebenius, J. K. (1997). The Effect of Multiple Anchors on Anchoring in Individual and Group Judgment. *Organizational Behavior and Human Decision Processes, 69* (1), 75–85. https://doi.org/10.1006/obhd.1996.2674
Wimmer, H., & Perner, J. (1983). Beliefs about beliefs: Representation and constraining function of wrong beliefs in young children's understanding of deception. *Cognition, 13* (1), 103–128. https://doi.org/10.1016/0010-0277(83)90004-5
Yamagishi, T., Cook, K. S., & Watabe, M. (1998). Uncertainty, trust, and commitment formation in the United States and Japan. *American Journal of Sociology, 104* (1), 165–194. https://doi.org/10/dmxtqb
山岡重行（2011).「テレビ番組が増幅させる血液型差別」『心理学ワールド』*52*, 5–8.
Ybarra, O., & Stephan, W. G. (1999). Attributional orientations and the prediction of behavior: The attribution-prediction bias. *Journal of Personality and Social Psychology, 76* (5), 718–727.
吉田寿夫（1998). 『本当にわかりやすいすごく大切なことが書いてあるごく初歩の統計の本』北大路書房.
「時間かけ出した結論に厚み　裁判員制度10年、丹羽敏彦・東京地裁裁判長に聞く」『朝日新聞』朝刊, 2019年5月22日付, 23.

図版出典

図1-1　https://commons.wikimedia.org/w/index.php?curid=1792612をもとに作成.
図2-1　Kahneman & Tversky (1979), fig.3をもとに作成.
図2-2　Kahneman & Tversky (1979), fig.4をもとに作成.
図5-2　Allport & Postman (1947), p.71より引用.

analytic techniques for improving intelligence analysis. *CIA Center for the Study of Intelligence*. http://cm.1-s.es/~admissions/10-2014/cia-tradecraft-primer-2009.pdf

Thompson-Cannino, J., Cotton, R., & Torneo, E. (2009). *Picking Cotton: Our Memoir of Injustice and Redemption* (Illustrated Edition). St Martins Pr.

Tice, D. M. (1991). Esteem protection or enhancement? Self-handicapping motives and attributions differ by trait self-esteem. *Journal of Personality and Social Psychology, 60* (5), 711–725. https://doi.org/10.1037/0022-3514.60.5.711

Treisman, A. (1964). Monitoring and storage of irrelevant messages in selective attention. *Journal of Verbal Learning & Verbal Behavior, 3* (6), 449–459. https://doi.org/10.1016/S0022-5371(64)80015-3

Tsuchimine, S., Saruwatari, J., Kaneda, A., & Yasui-Furukori, N. (2015). ABO blood type and personality traits in healthy Japanese subjects. *PLOS ONE, 10* (5). https://doi.org/10.1371/journal.pone.0126983

Tversky, A., & Kahneman, D. (1971). Belief in the law of small numbers. *Psychological Bulletin, 76* (2), 105–110. https://doi.org/10.1037/h0031322

Tversky, A., & Kahneman, D. (1974). Judgment under uncertainty: Heuristics and biases. *Science, 185* (4157), 1124–1131. https://doi.org/10.1126/science.185.4157.1124

Tversky, A., & Kahneman, D. (1980). Causal schemas in judgments under uncertainty. *Progress in Social Psychology, 1*, 49–72.

Tversky, A., & Kahneman, D. (1983). Extensional versus intuitive reasoning: The conjunction fallacy in probability judgment. *Psychological Review, 90* (4), 293–315. https://doi.org/10.1037/0033-295X.90.4.293

上村晃弘・サトウタツヤ (2006).「疑似性格理論としての血液型性格関連説の多様性」『パーソナリティ研究』*15* (1), 33–47. https://doi.org/10.2132/personality.15.33

Waldman, D. E. (2018). Status quo bias. V. J. Tremblay, E. Schroeder, & C. H. Tremblay (eds.), *Handbook of Behavioral Industrial Organization*. (2018-29211-007; pp. 172–193). Edward Elgar Publishing. https://doi.org/10.4337/9781784718985.00013

和仁達也 (2014).『年間報酬3000万円超えが10年続くコンサルタントの教科書』かんき出版.

Wason, P. C. (1966). Reasoning. B. M. Foss (ed.), *New Horizons in Psychology 1* (pp. 135–151). Penguin Books.

渡部保夫 (1986).「被疑者尋問のテープ録音制度――圧迫的な取調べ、誤判、裁判遅延の防止手段として」『判例タイムズ』*608*, 5–17.

渡部保夫 (監修), 一瀬敬一郎・厳島行雄・仲真紀子・浜田寿美男 (2001).『目撃証言の研究――法と心理学の架け橋をもとめて』北大路書房.

綿村英一郎・分部利紘・佐伯昌彦 (2014).「量刑分布グラフによるアンカリング効果についての実験的検証」『社会心理学研究』*30* (1), 11–20. https://doi.

Sigall, H., & Ostrove, N. (1975). Beautiful but dangerous: Effects of offender attractiveness and nature of the crime on juridic judgment. *Journal of Personality and Social Psychology, 31* (3), 410–414.

Snyder, C. R., Shenkel, R. J., & Lowery, C. R. (1977). Acceptance of personality interpretations: The "Barnum effect" and beyond. *Journal of Consulting and Clinical Psychology, 45* (1), 104–114. https://doi.org/10.1037/0022-006X.45.1.104

Snyder, M., & Cantor, N. (1979). Testing hypotheses about other people: The use of historical knowledge. *Journal of Experimental Social Psychology, 15* (4), 330–342. https://doi.org/10.1016/0022-1031(79)90042-8

Snyder, M., & Swann, W. B. (1978). Hypothesis-testing processes in social interaction. *Journal of Personality and Social Psychology, 36* (11), 1202–1212. https://doi.org/10.1037/0022-3514.36.11.1202

相馬正史・都築誉史（2014）.「意思決定におけるバイアス矯正の研究動向」『立教大学心理学研究』*56*, 45–58. https://doi.org/info:doi/10.14992/00009017

総務省統計局（2017）.「人口推計（平成29年12月報）」. https://www.stat.go.jp/data/jinsui/pdf/201712.pdf

Stallard, M. J., & Worthington, D. L. (1998). Reducing the hindsight bias utilizing attorney closing arguments. *Law and Human Behavior, 22* (6), 671–683.

Stasser, G., & Titus, W. (1985). Pooling of unshared information in group decision making: Biased information sampling during discussion. *Journal of Personality and Social Psychology, 48* (6), 1467–1478. https://doi.org/10.1037//0022-3514.48.6.1467

Stringer, C. (2003). Out of Ethiopia. *Nature, 423* (6941), 693–695. https://doi.org/10.1038/423692a

Sunstein, C. R., Hastie, R., Payne, J. W., Schkade, D. A., & Viscusi, W. K. (2002). *Punitive Damages: How Juries Decide*. University of Chicago Press.

Swann, W. B., Stein-Seroussi, A., & Giesler, R. B. (1992). Why people self-verify. *Journal of Personality and Social Psychology, 62* (3), 392–401. https://doi.org/10.1037/0022-3514.62.3.392

Symborski, C., Barton, M., Quinn, M., Morewedge, C., Kassam, K., Korris, J. H., & Hollywood, C. A. (2014). Missing: A serious game for the mitigation of cognitive biases. *Interservice/Industry Training, Simulation, and Education Conference (I/ITSEC), 14295*, 1–13.

Tanaka, K. (1993). Egocentric bias in perceived fairness: Is it observed in Japan? *Social Justice Research, 6* (3), 273–285. https://doi.org/10.1007/bf01054462

Taylor, S. E. (1989). *Positive Illusions: Creative Self-Deception and the Healthy Mind*. Basic Books.

The United States Government. (2009). A Tradecraft Primer: Structured

Ostrom, T. M., & Sedikides, C. (1992). Out-group homogeneity effects in natural and minimal groups. *Psychological Bulletin, 112* (3), 536–552. https://doi.org/10/d4bdnt

Puri, M., & Robinson, D. (2007). Optimism and economic choice. *Journal of Financial Economics, 86* (1), 71–99. https://doi.org/10.1016/j.jfineco.2006.09.003

Rattner, A. (1988). Convicted but innocent: Wrongful conviction and the criminal justice system. *Law and Human Behavior, 12* (3), 283–293. https://doi.org/10.1007/BF01044385

Read, S. J. (1987). Constructing causal scenarios: A knowledge structure approach to causal reasoning. *Journal of Personality and Social Psychology, 52* (2), 288–302. https://doi.org/10.1037/0022-3514.52.2.288

Rogers, E. M. (1958). Categorizing the adopters of agricultural practices. *Rural Sociology, 23* (4), 346–354.

Ross, L. (1977). The intuitive psychologist and his shortcomings: Distortions in the attribution process. *Advances in Experimental Social Psychology, 10*, 173–220.

Ross, L., Greene, D., & House, P. (1977). The "false consensus effect": An egocentric bias in social perception and attribution processes. *Journal of Experimental Social Psychology, 13* (3), 279–301. https://doi.org/10.1016/0022-1031 (77) 90049-X

Sagar, H. A., & Schofield, J. W. (1980). Racial and behavioral cues in black and white children's perceptions of ambiguously aggressive acts. *Journal of Personality and Social Psychology, 39* (4), 590–598.

Saks, M. J., & Spellman, B. A. (2016). *The Psychological Foundations of Evidence Law*. NYU Press.

笹倉香奈 (2017).「[報告 1] トンネル・ヴィジョンと冤罪」『法と心理』*17* (1), 3–7. https://doi.org/10.20792/jjlawpsychology.17.1_3

Sears, D. O. (1983). The person-positivity bias. *Journal of Personality and Social Psychology, 44* (2), 233–250. https://doi.org/10.1037/0022-3514.44.2.233

Sedikides, C., Skowronski, J. J., & Gaertner, L. (2004). Self-enhancement and self-protection motivation: From the laboratory to an evolutionary context. *Journal of Cultural and Evolutionary Psychology, 2* (1–2), 61–79. https://doi.org/10.1556/JCEP.2.2004.1-2.4

Sharot, T. (2011). The optimism bias. *Current Biology, 21* (23), R941–R945.

Sherman, S. J., Presson, C. C., Chassin, L., Corty, E., & Olshavsky, R. (1983). The false consensus effect in estimates of smoking prevalence: Underlying mechanisms. *Personality and Social Psychology Bulletin, 9* (2), 197–207. https://doi.org/10.1177/0146167283092003

Shettleworth, S. J. (2010). *Cognition, Evolution, and Behavior*. Oxford University Press.

Miller, D. T., & Ross, M. (1975). Self-serving biases in the attribution of causality: Fact or fiction? *Psychological Bulletin, 82* (2), 213. https://doi.org/10.1037/h0076486

Miller, S. L., Zielaskowski, K., & Plant, E. A. (2012). The basis of shooter biases: Beyond cultural stereotypes. *Personality and Social Psychology Bulletin, 38* (10), 1358–1366. https://doi.org/10.1177/0146167212450516

三島聡・本庄武・森本郁代・國井恒志（2016）.「裁判員裁判の量刑評議のあり方を考える――近時の最高裁の判断および模擬裁判をふまえて」『法と心理』*16* (1), 62–68. https://doi.org/10.20792/jjlawpsychology.16.1_62

Morewedge, C. K., Yoon, H., Scopelliti, I., Symborski, C. W., Korris, J. H., & Kassam, K. S. (2015). Debiasing decisions: Improved decision making with a single training intervention. *Policy Insights from the Behavioral and Brain Sciences, 2* (1), 129–140. https://doi.org/10/gf3fkq

Mosher, D. L. (1965). Approval motive and acceptance of "fake" personality test interpretations which differ in favorability. *Psychological Reports, 17* (2), 395–402.

Murray, J. C. (1904). Illusory cognitions. *An Introduction to Psychology, Based on the Author's Handbook of Psychology.* (2008-08474-010; pp. 295–327). Little, Brown and Co. https://doi.org/10.1037/13692-010

Murukannaiah, P. K., Kalia, A. K., Telangy, P. R., & Singh, M. P. (2015). Resolving goal conflicts via argumentation-based analysis of competing hypotheses. *2015 IEEE 23rd International Requirements Engineering Conference (RE)*, 156–165. https://doi.org/10/ghq85n

無藤隆・森敏昭・遠藤由美・玉瀬耕治（2018）.『新版 心理学』有斐閣.

Myers, D. (1987). *Social Psychology* (2nd ed). McGraw-Hill.

Myers, David, & Twenge, J. M. (2018). *Social Psychology* (13th ed). McGraw-Hill Higher Education.

日本弁護士連合会（2017）.「弁護士白書 2017年版」. https://www.nichibenren.or.jp/library/ja/jfba_info/statistics/data/white_paper/2017/1-1-1_tokei_2017.pdf

Nijhawan, R. (2001). The flash-lag phenomenon: Object motion and eye movements. *Perception, 30* (3), 263–282. https://doi.org/10.1068/p3172

Nisbett, R. E., Caputo, C., Legant, P., & Marecek, J. (1973). Behavior as seen by the actor and as seen by the observer. *Journal of Personality and Social Psychology, 27* (2), 154–164. https://doi.org/10.1037/h0034779

Nisbett, R. E., & Wilson, T. D. (1977). The halo effect: Evidence for unconscious alteration of judgments. *Journal of Personality and Social Psychology, 35* (4), 250–256. https://doi.org/10.1037/0022-3514.35.4.250

Nobelprize.org (2002). Daniel Kahneman — facts. Nobel Media AB 2021. https://www.nobelprize.org/prizes/economicsciences/2002/kahneman/facts/（最終閲覧2021年4月15日）

Levinson, J. D., Smith, R. J., & Young, D. M. (2014). Devaluing death: An empirical study of implicit racial bias on jury-eligible citizens in six death penalty states. *New York University Law Review, 89*, 513–769.

Lewinsohn, P. M., Mischel, W., Chaplin, W., & Barton, R. (1980). Social competence and depression: The role of illusory self-perceptions. *Journal of Abnormal Psychology, 89* (2), 203–212. https://doi.org/10.1037/0021-843X.89.2.203

Liebrand, W. B., Messick, D. M., & Wolters, F. J. (1986). Why we are fairer than others: A cross-cultural replication and extension. *Journal of Experimental Social Psychology, 22* (6), 590–604. https://doi.org/10.1016/0022-1031(86)90052-1

Loftus, E. F., & Palmer, J. C. (1974). Reconstruction of automobile destruction: An example of the interaction between language and memory. *Journal of Verbal Learning and Verbal Behavior, 13* (5), 585–589.

Malpass, R. S., & Kravitz, J. (1969). Recognition for faces of own and other race. *Journal of Personality and Social Psychology, 13* (4), 330–334. https://doi.org/10/dpsn97

マンクテロウ，ケン（2015）．『思考と推論――理性・判断・意思決定の心理学』服部雅史・山祐嗣監訳，北大路書房.

Markus, H., & Wurf, E. (1987). The dynamic self-concept: A social psychological perspective. *Annual Review of Psychology, 38*, 299–337. https://doi.org/10.1146/annurev.ps.38.020187.001503

Mayer, J. D., Gaschke, Y. N., Braverman, D. L., & Evans, T. W. (1992). Mood-congruent judgment is a general effect. *Journal of Personality and Social Psychology, 63* (1), 119–132. https://doi.org/10/cs74zn

Mazzella, R., & Feingold, A. (1994). The effects of physical attractiveness, race, socioeconomic status, and gender of defendants and victims on judgments of mock jurors: A meta-analysis. *Journal of Applied Social Psychology, 24* (15), 1315–1338.

McKay, R. T., & Dennett, D. C. (2009). The evolution of misbelief. *Behavioral and Brain Sciences, 32* (6), 493–510.

McNeil, B. J., Pauker, S. G., Sox, H. C., & Tversky, A. (1982). On the elicitation of preferences for alternative therapies. *New England Journal of Medicine, 306* (21), 1259–1262. https://doi.org/10.1056/NEJM198205273062103

Meehl, P. E. (1956). Wanted—A good cook-book. *American Psychologist, 11* (6), 263–272.

Merton, R. K. (1948). The self-fulfilling prophecy. *The Antioch Review, 8* (2), 193–210. https://doi.org/10.2307/4609267

Messick, D. M., Bloom, S., Boldizar, J. P., & Samuelson, C. D. (1985). Why we are fairer than others. *Journal of Experimental Social Psychology, 21* (5), 480–500. https://doi.org/10/d3hvs2

Kahneman, D. (2011). *Thinking, Fast and Slow*. Macmillan.
Kahneman, D., & Tversky, A. (1973). On the psychology of prediction. *Psychological Review, 80* (4), 237–251. https://doi.org/10.1037/h0034747
Kahneman, D., & Tversky, A. (1979). Prospect theory: An analysis of decision under risk. *Econometrica, 47* (2), 263–291.
Kahneman, D., & Tversky, A. (1982). The simulation heuristics. D. Kahneman, P. Slovic, & A. Tversky (eds.), *Judgment under Uncertainty: Heuristics and Biases* (pp. 201–208). Cambridge University Press.
警察庁 (2020).『令和 2 年版　警察白書』. https://www.npa.go.jp/hakusyo/r02/index.html
Kelley, H. H. (1950). The warm-cold variable in first impressions of persons. *Journal of Personality, 18*, 431–439. https://doi.org/10.1111/j.1467-6494.1950.tb01260.x
北山忍・高木浩人・松本寿弥 (1995).「成功と失敗の帰因――日本的自己の文化心理学」『心理学評論』*38* (2), 247–280. https://doi.org/10/ghhktm
Klein, W. M. P., Monin, M. M., Steers-Wentzell, K. L., & Buckingham, J. T. (2006). Effects of standards on self-enhancing interpretations of ambiguous social comparison information. *Basic and Applied Social Psychology, 28* (1), 65–79. https://doi.org/10.1207/s15324834basp2801_6
小松秀徳・杉山大志 (2011).「リスク認知バイアスの進化心理学的な解釈」『㈶電力中央研究所社会経済研究所ディスカッションペーパー (SERC Discussion Paper)』(SERC11033). https://criepi.denken.or.jp/jp/serc/discussion/download/11033dp.pdf
Krumpal, I. (2013). Determinants of social desirability bias in sensitive surveys: A literature review. *Quality & Quantity, 47* (4), 2025–2047. https://doi.org/10.1007/s11135-011-9640-9
Lamichhaney, S., Berglund, J., Almén, M. S., Maqbool, K., Grabherr, M., Martinez-Barrio, A., Promerová, M., Rubin, C.-J., Wang, C., Zamani, N., Grant, B. R., Grant, P. R., Webster, M. T., & Andersson, L. (2015). Evolution of Darwin's finches and their beaks revealed by genome sequencing. *Nature, 518* (7539), 371–375. https://doi.org/10.1038/nature14181
Lassiter, G. D. (2010). Psychological science and sound public policy: Video recording of custodial interrogations. *American Psychologist, 65* (8), 768–779. https://doi.org/10.1037/0003-066X.65.8.768
Lassiter, G. D., Geers, A. L., Handley, I. M., Weiland, P. E., & Munhall, P. J. (2002). Videotaped interrogations and confessions: A simple change in camera perspective alters verdicts in simulated trials. *Journal of Applied Psychology, 87* (5), 867–874. https://doi.org/10.1037/0021-9010.87.5.867
Lassiter, G. D., Munhall, P. J., Geers, A. L., Handley, I. M., & Weiland, P. E. (2001). Criminal confessions on videotape: Does camera perspective bias their perceived veracity. *Current Research in Social Psychology, 7* (1), 1–10.

広瀬弘忠（1984）．『生存のための災害学――自然・人間・文明』新曜社．
Hoelzmann, P., Jolly, D., Harrison, S. P., Laarif, F., Bonnefille, R., & Pachur, H.-J.（1998）. Mid-Holocene land-surface conditions in northern Africa and the Arabian Peninsula: A data set for the analysis of biogeophysical feedbacks in the climate system. *Global Biogeochemical Cycles, 12*（1）, 35–51. https://doi.org/10.1029/97gb02733
ホフマン，ドナルド（2020）．『世界はありのままに見ることができない――なぜ進化は私たちを真実から遠ざけたのか』高橋洋訳，青土社．
Hoffrage, U., Hertwig, R., & Gigerenzer, G.（2000）. Hindsight bias: A by-product of knowledge updating? *Journal of Experimental Psychology: Learning, Memory, and Cognition, 26*（3）, 566–581.
法務省法務総合研究所（2019）．「令和元年版　犯罪白書」．http://hakusyo1.moj.go.jp/jp/66/nfm/mokuji.html
放送倫理・番組向上機構（2004）．「「血液型を扱う番組」に対する要望」．http://www.bpo.gr.jp/?p = 5125
乾敏郎・阪口豊（2020）．『脳の大統一理論――自由エネルギー原理とはなにか』岩波科学ライブラリー，岩波書店．
厳島行雄・仲真紀子・原聡（2003）．『目撃証言の心理学』北大路書房．
泉谷依那・中野晋・安芸浩資・三好学（2017）．「徳島県那賀町和食地区における洪水氾濫時の住民の避難行動とボトルネックの抽出」『土木学会論文集 B1（水工学）』*73*（4）, I_1309–I_1314. https://doi.org/10.2208/jscejhe.73.I_1309
Janson, C. H., & Goldsmith, M. L.（1995）. Predicting group size in primates: Foraging costs and predation risks. *Behavioral Ecology, 6*（3）, 326–336. https://doi.org/10.1093/beheco/6.3.326
Jervis, R.（2006）. Reports, politics, and intelligence failures: The case of Iraq. *Journal of Strategic Studies, 29*（1）, 3–52. https://doi.org/10/bw4mtc
Johansson, P.（2005）. Failure to detect mismatches between intention and outcome in a simple decision task. *Science, 310*（5745）, 116–119. https://doi.org/10.1126/science.1111709
John, O. P., & Robins, R. W.（1994）. Accuracy and bias in self-perception: Individual differences in self-enhancement and the role of narcissism. *Journal of Personality and Social Psychology, 66*（1）, 206–219. https://doi.org/10/hnv
Johnson, D. D. P., & Fowler, J. H.（2011）. The evolution of overconfidence. *Nature, 477*（7364）, 317–320. https://doi.org/10.1038/nature10384
Johnson-Laird, P. N., & Wason, P. C.（1970）. A theoretical analysis of insight into a reasoning task. *Cognitive Psychology, 1*（2）, 134–148. https://doi.org/10.1016/0010-0285(70)90009-5
Jones, E. E., & Nisbett, R. E.（1972）. The actor and the observer: Divergent perceptions of the causes of the behavior. E. E. Jones, D. E. Kanouse, H. H. Kelley, R. E. Nisbett, S. Valins, & B. Weiner（eds.）, *Attribution: Perceiving the Causes of Behavior*. General Learning Press.

Sciences, 12 (4), 296-321. https://doi.org/10/ghp86f
古川竹二（1927）.「血液型による氣質の研究」『心理学研究』*2*（4），612-634. https://doi.org/10.4992/jjpsy.2.612
玄田有史（2001）.『仕事のなかの曖昧な不安――揺れる若年の現在』中央公論新社.
Gigerenzer, G. (2008). Why heuristics work. *Perspectives on Psychological Science, 3* (1), 20-29. https://doi.org/10.1111/j.1745-6916.2008.00058.x
Gigerenzer, G., & Goldstein, D. G. (1996). Reasoning the fast and frugal way: Models of bounded rationality. *Psychological Review, 103* (4), 650-669.
Gilovich, T., Medvec, V. H., & Savitsky, K. (1998). The illusion of transparency: Biased assessments of others' ability to read one's emotional states. *Journal of Personality and Social Psychology, 75* (2), 332-346.
Gilovich, T., Medvec, V. H., & Savitsky, K. (2000). The spotlight effect in social judgment: An egocentric bias in estimates of the salience of one's own actions and appearance. *Journal of Personality and Social Psychology, 78* (2), 211-222. https://doi.org/10.1037/0022-3514.78.2.211
Gilovich, T., Vallone, R., & Tversky, A. (1985). The hot hand in basketball: On the misperception of random sequences. *Cognitive Psychology, 17* (3), 295-314. https://doi.org/10.1016/0010-0285 (85) 90010-6
Hamilton, D. L., & Gifford, R. K. (1976). Illusory correlation in interpersonal perception: A cognitive basis of stereotypic judgments. *Journal of Experimental Social Psychology, 12* (4), 392-407. https://doi.org/10.1016/S0022-1031(76)80006-6
Hamilton, D. L., & Zanna, M. P. (1972). Differential weighting of favorable and unfavorable attributes in impressions of personality. *Journal of Experimental Research in Personality, 6* (2-3), 204-212.
Hart, W., Albarracín, D., Eagly, A. H., Brechan, I., Lindberg, M. J., & Merrill, L. (2009). Feeling validated versus being correct: A meta-analysis of selective exposure to information. *Psychological Bulletin, 135* (4), 555-588. https://doi.org/10.1037/a0015701
Hawkins, S. A., & Hastie, R. (1990). Hindsight: Biased judgments of past events after the outcomes are known. *Psychological Bulletin, 107* (3), 311-327. https://doi.org/10.1037/0033-2909.107.3.311
Heine, S. J., & Lehman, D. R. (1997). The cultural construction of self-enhancement: An examination of group-serving biases. *Journal of Personality and Social Psychology, 72* (6), 1268. https://doi.org/10/dhskj8
Heuer, R. J. (2005). *How does Analysis of Competing Hypotheses (ACH) improve intelligence analysis?* http://www.pherson.org/wp-content/uploads/2013/06/06.-How-Does-ACH-Improve-Analysis_FINAL.pdf
開一夫・長谷川寿一（2009）.『ソーシャルブレインズ――自己と他者を認知する脳』東京大学出版会.

Dufner, M., Gebauer, J. E., Sedikides, C., & Denissen, J. J. A. (2019). Self-enhancement and psychological adjustment: A meta-analytic review. *Personality and Social Psychology Review, 23* (1), 48-72. https://doi.org/10.1177/1088868318756467

Dunbar, R. I. (1992). Neocortex size as a constraint on group size in primates. *Journal of Human Evolution, 22* (6), 469-493. https://doi.org/10.1016/0047-2484(92)90081-j

Dunbar, R. I. (1993). Coevolution of neocortical size, group size and language in humans. *Behavioral and Brain Sciences, 16* (4), 681-694. https://doi.org/10.1017/S0140525X00032325

Dunning, D., Meyerowitz, J. A., & Holzberg, A. D. (1989). Ambiguity and self-evaluation: The role of idiosyncratic trait definitions in self-serving assessments of ability. *Journal of Personality and Social Psychology, 57* (6), 1082-1090. https://doi.org/10.1037/0022-3514.57.6.1082

Englich, B., & Mussweiler, T. (2001). Sentencing under uncertainty: Anchoring effects in the courtroom. *Journal of Applied Social Psychology, 31* (7), 1535-1551. https://doi.org/10.1111/j.1559-1816.2001.tb02687.x

Epley, N., & Gilovich, T. (2005). When effortful thinking influences judgmental anchoring: Differential effects of forewarning and incentives on self-generated and externally provided anchors. *Journal of Behavioral Decision Making, 18* (3), 199-212. https://doi.org/10.1002/bdm.495

Festinger, L., & Carlsmith, J. M. (1959). Cognitive consequences of forced compliance. *The Journal of Abnormal and Social Psychology, 58* (2), 203-210. https://doi.org/10.1037/h0041593

Fischhoff, B. (1975). Hindsight ≠ foresight: The effect of outcome knowledge on judgment under uncertainty. *Journal of Experimental Psychology: Human Perception and Performance, 1* (3), 288-299. https://doi.org/10.1037/0096-1523.1.3.288

Fiske, S. T. (1980). Attention and weight in person perception: The impact of negative and extreme behavior. *Journal of Personality and Social Psychology, 38* (6), 889-906.

Fiske, S. T., & Neuberg, S. L. (1990). A continuum of impression formation, from category-based to individuating processes: Influences of information and motivation on attention and interpretation. M. P. Zanna (ed.), *Advances in Experimental Social Psychology* (Vol. 23, pp. 1-74). Academic Press. https://doi.org/10.1016/S0065-2601(08)60317-2

Forer, B. R. (1949). The fallacy of personal validation: A classroom demonstration of gullibility. *The Journal of Abnormal and Social Psychology, 44* (1), 118-123. https://doi.org/10.1037/h0059240

Franklin, P., & Volk, A. A. (2018). A review of infants' and children's facial cues' influence on adults' perceptions and behaviors. *Evolutionary Behavioral*

Social and Clinical Psychology, 9 (2), 196-201. https://doi.org/10/dhn46h
Buss, D. M. (2019). *Evolutionary Psychology: The New Science of the Mind* (6th ed). Routledge.
近田洋輔・原山美知子（2013).「被災者の心理に基づく津波避難シミュレーション」『情報処理学会研究報告　情報システムと社会環境研究報告』*2013*（8), 1-8.
Correll, J., Park, B., Judd, C. M., & Wittenbrink, B. (2002). The police officer's dilemma: Using ethnicity to disambiguate potentially threatening individuals. *Journal of Personality and Social Psychology, 83* (6), 1314-1329. https://doi.org/10/df5w57
Cramer, K. M., & Imaike, E. (2002). Personality, blood type, and the five-factor model. *Personality and Individual Differences, 32* (4), 621-626. https://doi.org/10.1016/S0191-8869(01)00064-2
Crowther, B., & More, D. M. (1972). Occupational stereotyping on initial impressions. *Journal of Vocational Behavior, 2* (1), 87-94. https://doi.org/10.1016/0001-8791(72)90010-3
Davis, J. H. (1973). Group decision and social interaction: A theory of social decision schemes. *Psychological Review, 80* (2), 97-125. https://doi.org/10.1037/h0033951
デイヴィス，マーク・H．(1999).『共感の社会心理学――人間関係の基礎』菊池章夫訳，川島書店.
ドーキンス，リチャード（1991).『利己的な遺伝子――増補改題『生物＝生存機械論』』日高敏隆・岸由二・羽田節子・垂水雄二訳，紀伊國屋書店.
de Montaigne, M. S., & Coste, P. (1685). Of readiness or slowness in speech. P. Coste (ed.), *The Essays of Michael Seigneur de Montaigne,* in 3 volumes., Vol. 1, 8th ed. (2009-02439-010; pp. 40-43). Printed for J Pote, E Ballard, C Bathurst, T Davies, T Payne, J F and C Rivington, S Crowder T Longman. https://doi.org/10.1037/11798-010
deMenocal, P., Ortiz, J., Guilderson, T., Adkins, J., Sarnthein, M., Baker, L., & Yarusinsky, M. (2000). Abrupt onset and termination of the African Humid Period: Rapid climate responses to gradual insolation forcing. *Quaternary Science Reviews, 19* (1), 347-361. https://doi.org/10.1016/S0277-3791(99)00081-5
Dhami, M. K., Belton, I. K., & Mandel, D. R. (2019). The "analysis of competing hypotheses" in intelligence analysis. *Applied Cognitive Psychology, 33* (6), 1080-1090. https://doi.org/10.1002/acp.3550
Diamond, S. S., Rose, M. R., Murphy, B., & Meixner, J. (2011). Damage anchors on real juries. *Journal of Empirical Legal Studies, 8* (s1), 148-178.
Diehl, M., & Stroebe, W. (1987). Productivity loss in brainstorming groups: Toward the solution of a riddle. *Journal of Personality and Social Psychology, 53* (3), 497-509. https://doi.org/10/dqwf6j

参照文献

Ackermann, R. R., Mackay, A., & Arnold, M. L. (2016). The hybrid origin of "modern" humans. *Evolutionary Biology, 43* (1), 1-11. https://doi.org/10.1007/s11692-015-9348-1

Allport, G. W., & Postman, L. (1947). *The Psychology of Rumor*. Henry Holt.

安藤寿康 (2016). 『日本人の9割が知らない遺伝の真実』SB新書, SBクリエイティブ.

Arkes, H. R., Faust, D., Guilmette, T. J., & Hart, K. (1988). Eliminating the hindsight bias. *Journal of Applied Psychology, 73* (2), 305-307.

Asch, S. E. (1946). Forming impressions of personality. *The Journal of Abnormal and Social Psychology, 41* (3), 258-290. https://doi.org/10.1037/h0055756

Berk, R., Li, A., & Hickman, L. J. (2005). Statistical difficulties in determining the role of race in capital cases: A re-analysis of data from the state of Maryland. *Journal of Quantitative Criminology, 21* (4), 365-390. https://doi.org/10/d3w5vh

Berry, D. S., & McArthur, L. Z. (1986). Perceiving character in faces: The impact of age-related craniofacial changes on social perception. *Psychological Bulletin, 100* (1), 3-18. https://doi.org/10.1037/0033-2909.100.1.3

Bjornsdottir, R. T., & Rule, N. O. (2017). The visibility of social class from facial cues. *Journal of Personality and Social Psychology, 113* (4), 530-546. https://doi.org/10/gb3cjs

Blank, H. (2009). Remembering: A theoretical interface between memory and social psychology. *Social Psychology, 40* (3), 164-175. https://doi.org/10.1027/1864-9335.40.3.164

Bransford, J. D., & Johnson, M. K. (1973). Considerations of some problems of comprehension. W. G. Chase (ed.), *Visual Information Processing* (pp. 383-438). Academic Press. https://doi.org/10.1016/B978-0-12-170150-5.50014-7

Briggs, R. A. (2019). Normative theories of rational choice: Expected utility. E. N. Zalta (ed.), *The Stanford Encyclopedia of Philosophy* (Fall 2019). Metaphysics Research Lab, Stanford University. https://plato.stanford.edu/archives/fall2019/entries/rationality-normative-utility/

ブルーナー, J. (1999). 『意味の復権――フォークサイコロジーに向けて』岡本夏木・仲渡一美・吉村啓子訳, ミネルヴァ書房.

Bruner, J. S., & Tagiuri, R. (1954). The perception of people. G. Lindzey (ed.), *The Handbook of Social Psychology* (Vol. 2, pp. 634-654). Addison-Wesley.

Buss, D. M. (1990). The evolution of anxiety and social exclusion. *Journal of*

ちくま新書
1582

バイアスとは何《なに》か

二〇二一年六月一〇日　第一刷発行
二〇二二年三月一五日　第二刷発行

著　者　藤田政博（ふじた・まさひろ）
発行者　喜入冬子
発行所　株式会社 筑摩書房
東京都台東区蔵前二―五―三　郵便番号一一一―八七五五
電話番号〇三―五六八七―二六〇一（代表）
装幀者　間村俊一
印刷・製本　三松堂印刷 株式会社

本書をコピー、スキャニング等の方法により無許諾で複製することは、法令に規定された場合を除いて禁止されています。請負業者等の第三者によるデジタル化は一切認められていませんので、ご注意ください。
乱丁・落丁本の場合は、送料小社負担でお取り替えいたします。
© FUJITA Masahiro 2021　Printed in Japan
ISBN978-4-480-07408-9 C0211

ちくま新書

1149
心理学の名著30
サトウタツヤ
臨床や実験など様々なイメージを持たれている心理学。それを「認知」「発達」「社会」の側面から整理しなおし、古典から最新研究までを解説したブックガイド。

802
心理学で何がわかるか
村上宣寛
性格と遺伝、自由意志の存在、知能のはかり方……。これらの問題を考えるには科学的方法が必要だ。俗説や疑似科学を退け、本物の心理学を最新の知見で案内する。

1423
ヒューマンエラーの心理学
一川誠
仕事も勉強も災害避難の判断も宝くじも、直感はもちろん熟考さえも当てにならない。なぜ間違えてしまうのか。錯覚・錯視の不思議から認知バイアスの危険まで。

1402
感情の正体
――発達心理学で気持ちをマネジメントする
渡辺弥生
わき起こる怒り、悲しみ、屈辱感、後悔……。悪感情に翻弄されないためにどうすればいいか。友情や公共心を育み、勉強や仕事の能率を上げる最新の研究成果とは。

1077
記憶力の正体
――人はなぜ忘れるのか？
高橋雅延
物忘れをなくしたい。嫌な思い出を忘れたい。本当に記憶を操作することはできるのか？　多くの人を魅了する記憶力の不思議を、実験や体験をもとに解説する。

1097
意思決定トレーニング
印南一路
優柔不断とお悩みのあなた！　それは性格のせいではなく、決め方を知らないのが原因です。ダメなルールをやめて、誰もが納得できる論理的な方法を教えます。

1116
入門　犯罪心理学
原田隆之
目覚ましい発展を遂げた犯罪心理学。最新の研究により、防止や抑制に効果を発揮する行動科学となった。「新しい犯罪心理学」を紹介する本邦初の入門書！